USER EXPERIENCE
— THE INVISIBLE ARMOR OF
THE ENTERPRISE

用户体验

——企业无形的铠甲

王伟宾　王得文　著

北京理工大学出版社
BEIJING INSTITUTE OF TECHNOLOGY PRESS

图书在版编目（CIP）数据

用户体验：企业无形的铠甲／王伟宾，王得文著．—北京：北京理工大学出版社，2022．3

ISBN 978－7－5763－1157－0

Ⅰ．①用…　Ⅱ．①王…②王…　Ⅲ．①计算机应用－企业管理　Ⅳ．①F272．7

中国版本图书馆 CIP 数据核字（2022）第 045032 号

出版发行／北京理工大学出版社有限责任公司
社　　址／北京市海淀区中关村南大街 5 号
邮　　编／100081
电　　话／（010）68914775（总编室）
　　　　　（010）82562903（教材售后服务热线）
　　　　　（010）68944723（其他图书服务热线）
网　　址／http：//www. bitpress. com. cn
经　　销／全国各地新华书店
印　　刷／保定市中画美凯印刷有限公司
开　　本／710 毫米×1000 毫米　1/16
印　　张／10. 75
字　　数／141 千字
版　　次／2022 年 3 月第 1 版　2022 年 3 月第 1 次印刷
定　　价／62. 00 元

责任编辑／李慧智
文案编辑／李慧智
责任校对／周瑞红
责任印制／李志强

篇首语

随着互联网“后流量时代”的到来，电商消费产业从“术”的竞争逐步转向“道”的竞争。2021年将是中国品牌元年，越来越多的民族品牌在2021年前后诞生。优秀的用户体验是一个品牌生生不息、长久发展的玄牝之门。“用户体验”概念最早在国外提出，一直被苹果、亚马逊等企业视为企业的生命线，而中国企业对用户体验的重视相对较晚，近几年才有一些企业和互联网平台开始加大用户体验方面的投入。同时，市面上介绍用户体验的书籍多来自海外的翻译版本，而且内容大多是用户界面交互设计的狭义用户体验。上述书籍在当今中国经济发展的大环境下无法满足用户体验这一新兴领域对于理论和实践指导的需求。为破解这一局面，笔者结合10多年在世界500强、外企、互联网平台以及高校的工作经历，尤其是在产品和服务方面的用户体验实战经验，精心编撰此书，以期为即将到来的中国品牌时代贡献一份力量。本书从广义用户体验的定义和基础概念着眼，从产品规划设计、服务流程改进、用户接触点管理、差异化体验打造等不同维度阐述打造企业用户体验竞争力的道、法、术、器、势，并结合企业管理实践和案例分享，帮助企业和专业人士系统了解用户体验的价值和它在企业发展和竞争中的重要性，进而为不同行业提供用户体验规划设计的落地参考。书中还引用了用户体验成功和失败的真实案例来帮助读者理解和辨析用户体验在企业用户全生命周期中的作用，帮助大家更好地识别和规避用户体验陷阱，以史为鉴，助力企业打造自己的用户体验竞争壁垒。

前　言

2021 年注定是中国品牌元年。

2021 年“双 11”期间，截至 11 月 11 日中午 12 点，天猫商城的以下 16 个新品牌累计成交额破 1 亿元：完美日记、花西子、Ubras、添可、蕉内、Beaster、MLB、real 么、润百颜、敷尔佳、usmile、colorkey、小奥汀、三顿半、认养一头牛、云鲸。然而，这些品牌大家认识几个呢？调研显示，男性用户平均知道 1 ~ 2 个，女性用户平均认识 8 个左右。

2021 年的“双 11”，新浪网信息显示成交涨幅前 10 名的品牌国货占 8 席。成交额过亿元的 80 余个品牌中，国货近五成，手机、珠宝、零食类成交额前 5 名均被国货占领。

环顾周围的信息和各种广告，近两年以元气森林、花西子等为代表的各种软饮料、酒水、食品、化妆品等国货新品牌如雨后春笋般地不断涌现。如果从品类上细分，这些新品牌以食品、饮料居多，其次是化妆品等女性市场品牌。这也说明“美食”和“美颜”的消费群体永远是市场空间最大的和最受市场青睐的，也是资本市场重点关注的领域。周围的种种迹象都在向我们昭示：互联网“后流量时代”，资本日趋理性，开始转向以品牌孵化为目标的长期价值投资。相比前些年的互联网行业风口，品牌投资回报价值的时效性可能会慢很多，不过一旦这些品牌走上正轨，将会比互联网时代的企业更有韧性。时代大潮来势汹涌，中国各行业的品牌爆发近在咫尺，可以大胆地预测，2021 年注定是中国的品牌元年，国货品牌正在崛起。

仔细分析发现，国货品牌崛起背后有只无形的手在推动着。那么，到底是什么促进了这么多的新消费品牌的诞生？前几年互联网和移动互联网高速发展，信息传播效率空前提升，为什么没有像今天这么多的中国本土品牌涌现出来？这些品牌背后的推手是资本，还是时代所驱使，抑或是由于移动互联网的普及？这些回答都不够准确。究其原因，实际上是互联网“后流量时代”用户流量竞争升级的必然结果。换句话说，打造自带流量的“品牌”是互联网“后流量时代”消费领域发展的必由之路。

步入互联网“后流量时代”，各个产业同行之间的竞争除了产品自身的质量竞争外，相当一部分竞争主要体现在用户流量的竞争。这也导致如今的用户流量越来越贵，因此几乎所有的互联网公司都在寻找新出路和突破口。近两年，私域流量变得异常火爆，这与公域流量越来越贵有直接的关系。公域流量太贵，企业不得不拿出较多精力琢磨自己的私域流量运营，因此不少企业的运营部门都开始学习私域流量的运营方法。以前大多数互联网的运营部门主要习惯于对“术”的钻研，即主要是强化企业管理方法和技巧的提升，这也导致很少公司去深挖底层逻辑——用户体验。然而，私域流量的本质是把每一个公域流量获得的用户留住，进行二次或三次销售，也就是我们常说的提升复购率。很显然，私域流量的底层逻辑绝不是运营之术，相反，产品和服务的用户体验才是私域流量最强有力的载体。可以预见，未来单纯依靠互联网流量赚快钱的时代已经一去不复返，一个企业要想长青，必须有“深挖洞、广积粮”的战略谋划。所以，中国品牌的爆发是互联网“后流量时代”的必然产物，品牌是最好的获取免费流量的武器。

互联网和移动互联网是提升信息传播效率的工具，其实际功能和以前的报纸广告、电视广告没有实质性区别。但是，与电视、报纸这些传统的营销渠道相比，互联网发展初期最大的优势是高效率和低成本，因为互联网价格低廉的流量可以快速定向覆盖目标用户，所以在互联网发展之初，“流量为王”总被互联网人挂在嘴边。在流量为王的时代，有流量就有销售，相应的 ROI（Return on Investment，投资回报率）很容易计算，因此大家都在赚快钱。然而，当所有的传统行业都逐步掌握了这个效率工具的时候，流量竞争就变得异常激烈，结果是流量价格激增、流量集中化等，流量越来越多地集中到几大互联网巨头身上。当所有的流量营销都在少数几个大平台上垄断的时候，流量成本已经使得很多企业无法承受。于是穷则思变，这些企业不得不转向私域流量运营，想方设法地对于已经获取的用户进行复购的运营。

进一步而言，如果从一个商品生命周期的不同阶段来分析企业的行为，我们可以更清晰地了解品牌时代到来的幕后推手。不论是传统的商品销售，还是互联网电商，商品的生命周期都会经历从生产到销售到用户手中这一基本过程。这个过程都少不了获客（让用户知道）、销售转化（商品成交）、售后服务和复购（二次或多次购买）三大阶段。互联网电商与传统销售过程相比，这几个阶段的工作本质上都没有变化，唯一变化的是场景和工具。传统销售获客方式是报纸广告、电视广告和线下门店客流，而互联网时代的获客方式是各种线上流量。传统的销售转化大部分是靠促销手段和销售员的推销技巧，而移动互联网时代的销售转化主要依靠产品详情、送券、满减等各种线上运营手段。传统的售后服务大部分是基于问题导向的，产品使用过程中存在问题，用户提出，企业解决，很少关注复购环节。而互联网时代由于竞争的白热化，售后服务与复购变得紧密相关，虽然企业的常规做法依然是靠运营手段，如会员权益、用户唤醒、老用户折扣等私域运营手段，但从深层逻辑来看，“复购”的成败不是决定于运营手段而是用户对品牌的认知和优秀的用户体验。

为什么互联网“前流量时代”鲜有人注重第三阶段？原因很简单，第一、第二阶段成本很低，效率高，难度低，赚钱快。在这样的大环境下，大部分企业都缺乏打造品牌深度的耐心。流量为王时代，运营部门可以用密集的流量炮火快速覆盖目标用户。下面用一个真实案例分析运营投入产出的逻辑。会计师资格证、教师资格证等成人在线培训行业，几年前 1 个百度用户流量价格为 1 元，100 个用户点击流量成本只需要 100 元，假定用户购买课程转化率 3%，公司花费 100 元可以买来 3 个用户成交，那么1个用户的直接成交成本33.3元，也就是培训机构只要把培训产品售价定在33.3元以上，就有毛利可图。而2019年，这个流量成本已经变成每个用户流量成本为20元，同样100个用户流量，公司要花费2 000元，用户购买转化率3%（实际上由于信息爆炸和竞品冲击，购买转化率也在不断降低），也就是说2 000元市场投放买来3个用户成交，每个用户成交的成本是666.7元，企业只有把客单价提升到666.7元以上才可能有利润，用户成交成本从33.3元到666.7元，由此可见当今企业承受了多么大的压力。

流量竞争已经如此激烈，企业的出路在哪里？我们同样分析上述3个阶段解决问题的可能性。

第一，多元化流量获取渠道，寻找更便宜的流量。原来只需集中投放在百度或某几大流量平台，现在需要多渠道投放，如爱奇艺、抖音、小红书、快手、头条、微信广告等。老渠道流量变贵，就不断扩展新渠道，只要控制好投放的整体ROI即可。但当所有竞争对手都在找流量的时候，企业很难拿到低成本的流量。因此在流量获取这个阶段，到最后就只剩下私域流量这一条路可走，即深度运营自己的老用户。但只做私域运营缺点十分明显，用户池容量有限，扩展困难，而且还会不断流失用户，因此企业仍然需要不断从公域引水进来。

第二，在转化率上做文章，想办法提升转化率。同样是2 000元从百度买来100个用户流量，如果转化率从3%提升到5%，那么单用户成交成本就可以从666元降低到400元，从而降低成本和增加利润。可是，运营的方法与技巧都很透明，如免费体验、送券、老带新、充值优惠、买赠，等等，这些手段竞争对手们互相学习，到最后用户们都已经十分熟悉，因此转化率提升变得困难。那么，还有没有更好的转化手段了呢？答案是有的——回归销售的本质，用人工客服进行沟通转化。所以，很多公司把互联网平台常规的自然转化，换成电话销售座席来提升转化率。这样可以把每个买来的流量进行最大限度的转化推进。借助电话和微信等手段联系用户进行产品游说推荐，利用用户消费心理进行强制转化，提升从获客到销售的转化率。这个方法在培训或金融行业效果往往很好。例如，大家也可能经常接到贷款平台的座席电话，这些动作都是在深挖每一个用户流量的价值。有人会问：那么多座席也需要很高的人力成本吧？但事实上，人工座席的转化率往往比自然转化率高出5～10倍，这完全可以满足座席的人工成本。

第一、第二阶段在实际操作中不断地深化发展，衍生出更多的获客和转化方式。比较典型的是近两年特别火的社区团购，其本质就是借助线下的人与人的连接降低流量成本，同时提升转化率。在互联网初期的流量红利时代，流量和转化的线上综合成本是远低于线下的，所以很多互联网平台初期并不关注线下渠道。但是今天线上流量已经水涨船高，各大平台开始布局线下渠道，在最靠近用户的地方进行流量的“截胡”。例如，很多企业销售把流量触手伸向小区，用最有效的运营手段（低价补贴）去和社区小超市竞争，促使小超市和小商贩们更加规范运营，提升服务效果和提高商品质量。

如今，除了前两个阶段之外，很多电商平台也都开始注重第三个阶段：售后服务和用户复购，并把复购提升到运营指标的核心地位。电商平台运营采取了很多提升复购的方式。如通过提升整体商品质量、缩短派送时间、提升价格竞争力等，守住自己的地位。京东、网易、阿里、拼多多等都在想尽办法和手段提升自身的竞争力。但是，商品的生产厂家需要在各大平台上争夺流量，要么付费给流量平台（百度、抖音、头条等），要么付流量费给电商平台（淘宝、京东、天猫等）。如何减少流量环节的成本？怎样使用户直接搜索到自己的商品进行购买？唯一的出路，就是打造品牌。这样就可以在一定程度上绕过流量的直接竞争。所以，品牌时代的到来不是商家觉醒要做匠人、做好商品，而是“后流量时代”逼着商家不得不修炼内功，做长远谋划，打造自带流量的优质品牌。

除了流量、转化、复购三大阶段在“后流量时代”的地位变化，还有一个重要的民族品牌孵化的大环境，那就是中国人的文化自信。20世纪八九十年代，中国年轻人对于日本、美国品牌的追求和渴望有时讳莫如深。但近几年随着中国在世界的地位提升，年轻消费群体对“中国”两个字的认知在逐渐改变。2020年中国在抗疫斗争中所展现的大国自信与担当，给了年轻人更多的民族自信和民族自豪感，这也是年轻消费群体认可中国制造、认可中国品牌的重要原因。如今“90后”和“00后”青年们正在成为市场消费主力，他们注重张扬个性、凸显自我认知，具有健康的生活态度。像维密这样的传统世界品牌在年轻人眼中可能已经变成属于长辈的内衣，即使近年来维密不断推出更加年轻化的子品牌，但是它的市场份额依然在被一些新生中国品牌（如NEIWAI内外）蚕食。

总之，如何打造品牌是一项很专业的课题，包括了产品设计、品牌定位、市场营销、消费心理等诸多专业因素，但是，往往大道至简，品牌重要的根基是对用户体验的专注打造。在产品生命周期的任何环节都离不开用户体验，一旦某个环节脱离了用户体验，这个产品就很容易被用户抛弃。

本书不探讨品牌打造的方法论，而围绕打造品牌的根本性问题——用户体验，进行研究探讨和阐述，以期为中国品牌时代的到来贡献微薄之力。今天中国的很多企业都在喊用户体验的口号，鲜有公司真正重视和系统化地用心打造用户体验。事实上我们也可以看到成功的案例，企业一旦重视用户体验，会很快受益。例如，三只松鼠品牌崛起就是个成功的案例。用户体验包罗万象，从一件产品的生命周期来看，用户体验包含了产品体验、营销体验、服务体验，而每个环节的体验又可以由浅入深地分为视觉体验、交互体验、情感体验等。上述内容都在本书所探讨的范围。

一个公司，一个品牌，只有敬畏用户体验，遵从用户体验大道，它的生命力才会像春天的小草一样，健康茁壮地生长。每天坚持做对的事情，有一天我们环顾四周，便会看到满目绿色。让我们做时间的朋友，从用户体验打造开始铸就品牌根基，给企业穿上无形的铠甲，迎接中国品牌爆发的时代！

目 录

第1章　用户体验入门

1.1　为什么需要用户体验——从一件生活小事说起

为什么要关注用户体验（User Experience，UE）？让我们先从一件生活小事说起，这也许是很多人的亲身经历：

20世纪90年代以前，很多人到外地时，经常要坐几十小时的绿皮火车，几乎每个站都会停很久。于是，站台上有很多商贩兜售商品。站台上就有这样一群卖包子小商贩，他们用塑料袋装着包子，包子外表油光，有的还粘着青菜和瘦肉沫，看上去很好吃的样子。乘客付了钱从车窗把包子递进来，火车开动后开心地准备吃肉包子。咬一口发现没有馅，以为是包子皮厚，结果直到吃完了整个才发现真的没有馅，它就是个伪装成包子的馒头。小商贩们清楚火车上的顾客基本不可能返回，甚至再也不会第二次经过，这样销售就变成了一锤子买卖，考虑利润就好了。不过对于乘客而言，上一次当后再也不会买站台的包子了，当然，也会告诉同学和朋友不要买。

如果在信息闭塞的时代，这种一锤子买卖的确不太需要注重用户体验（从专业角度说，包子外表油光沾着青菜和肉渣，也是一种用户视觉体验），但信息发达的今天，这样的产品是否还会有容身之处？试想一个产品网上差评满天飞，最终还有人敢买吗？进一步想，如果有一天这些商贩们想做好用户体验，做了实实在在的肉包子来卖，那些受过伤害的和听过整个故事的用户需要多久才敢重新尝试？那些被我们伤害过的用户，需要我们几倍甚至几十倍的拉新成本才能重新找回来。

事实上，企业运营和小商贩卖包子的本质没区别。没有哪个有志向的企业创立初期是想做一锤子买卖的，但企业运营中，像卖包子小商贩这样短视的案例却并不少见。尤其是2020年突如其来的新冠肺炎疫情，更凸显了用户体验的重要性。疫情之下，有多少公司，起初占据先发优势，手握一手好牌，一夜之间却输得一塌糊涂，更可悲者，这些公司不知自己输在哪里，实际上多是输在了对用户体验的不重视。

当下，越来越多的企业开始把用户体验定位到企业成败的战略高度。但是，各个企业对用户体验管理运营的水平参差不齐。从用户体验的战略定位到战术策划，从用户体验组织的建立到用户体验项目的落地执行，这些工作的运营管理大多是碎片化的，没有清晰的轨迹和方法论可遵循。笔者结合近10年来客户服务和用户体验管理咨询的经验与教训，梳理出用户体验之法，以期企业经营管理者们在创业和经营中少走弯路。

美国SONOS公司是重视用户体验的一个典型。这个号称智能音响领域的Apple公司，对用户体验的追求经常让人觉得到了不可理喻的地步，每个部门日常谈论最多的就是用户体验。因为，SONOS企业文化第一条就是“Experience First”，那么到底什么是用户体验？查阅国内外用户体验的相关资料后发现，能够找到的理论资料和书籍多是讲解UI（User Interface，用户界面）的体验理论，比如早期网页交互体验、后期各种App的用户交互体验设计等，这些与SONOS公司说的用户体验相去甚远。SONOS、Apple这些公司所讲的用户体验，比传统用户界面开发中的体验更宽泛，准确地说应该叫作广义用户体验。后来，在管理咨询中我们也常称之为全流程用户体验。用户体验方法论到底是什么呢？这里不仅仅是经营管理学范畴，而是可以上升到用户消费心理学的范畴。但回到企业运营的日常，在用户体验的运营实践中，用户体验的优化还是有很多方法技巧可以使用的。所以本文不会过多研究消费心理学的理论，而是从实践角度，从企业管理和运营角度来探讨用户体验的分析、优化、改进，一起研究对用户体验的重视能给企业带来的长期价值。

如今在国内，很多公司，如互联网出行服务、在线教育、跨境电商等互联网平台，用户体验都是挂在墙上的。这些企业可能除了客户服务和用户体验部门，很少有人真正关注用户体验。大家最关注的是利润，是GMV（Gross Merchandise Volume，总商品价值）。尤其互联网风口上，大部分互联网公司成长初期最看重和追求的是大资本投入和快速获得客户，实现快速盈利赚钱的目标。运营中运用最多的是“术”，即挖空心思地用各种运营手段获取用户流量，用各种运营技巧提升转化、激活用户活跃度。诚然，这些作为运营部门的目标是没错的，但这往往不是企业长远的目标。用户被拉来后靠什么来承载用户期望和信任？是做是一锤子买卖，还是获取用户的终身价值？要黏住用户，靠的绝对不是运营的技巧和“术”，把客户拉过来只是生意的第一步。如果没有承载用户期望和信任的大道，明天对手想出一个新的运营之术，用户就离我们而去。而承载用户信任获得用户长期价值之道，就是用户体验。

近几年国内越来越多的公司开始把用户体验的打造作为企业战略核心之一，但是往往处在不同发展阶段的企业对用户体验的重视程度和投入不一样。大部分企业创立初期都是野蛮生长，快速占领市场，达到一定规模后，再调整步伐进行用户体验的改进。因为，占领一个新兴市场时讲究的是“兵贵神速”。更多的企业是在高速发展中被动重视用户体验，因为突然遇到业务增长瓶颈或是遭遇强劲的对手攻击后开始进行思考，着手用户体验改进。事实上聪明企业的做法是步步为营的：从企业创立开始就重视用户体验，利用每一个和用户的接触建立用户信任。例如，很多新兴互联网公司陆续有了用户体验部门，把用户体验作为核心竞争力打造。

总之，用户体验打造不是一蹴而就的事情，企业管理者任重道远。如何衡量公司当下的用户体验运营的水平？如何有针对性地来改进企业的用户体验？如何衡量用户体验的价值？明明公司很重视用户体验，为什么用户却正在流失？这些都将是我们在书中要探讨的话题。

1.2 用户体验定义——从狭义用户体验到广义用户体验

用户体验是什么？《汉语大辞典》的解释是：用户体验是用户使用产品、系统或服务过程中的主观感受。但是对于一个界定明确的用户群体来讲，其用户体验的共性是能够经由良好设计实验来认识到的。计算机技术和互联网的发展，使技术创新形态正在发生转变，以用户为中心、以人为本越来越得到重视，用户体验也因此被称为创新2.0模式的精髓。

如果上网搜索“用户体验”，搜出来的结果大多是讲述UI体验，这些并不是本书要讨论的用户体验。严格来说，UI体验我们经常称之为狭义用户体验。在这里，人们很容易把狭义用户体验与本书要讲的广义用户体验混淆。狭义用户体验是最早期的用户体验概念，其主要来源于人机交互研究，是指互联网产品设计中的App的视觉和交互体验，如软件产品App的美观性、易用性、实用性等。较大规模的互联网公司基本都有专门的UI和UX部门负责用户界面设计和交互体验设计。狭义用户体验当然也是广义用户体验的子集。本书研究探讨的用户体验，更多关注的是广义用户体验，也就是我们常说的用户生命周期中的“全流程用户体验”。两者的定义区别如下：

1.2.1 狭义用户体验

用户体验最早被广泛认知是在20世纪90年代中期，由用户体验设计师唐纳德·诺曼（Donald Norman）提出和应用推广的，主要用于人机交互过程中对用户的感受评价，也就是常说的视觉体验、易用性。而事实上，我们看到和使用的互联网产品只是商品存在的环境场景之一。

狭义用户体验更多的是指我们在获得某些商品或信息的过程中，以及使用互联网产品时的主观体验感受，这只是用户体验中的一个小环节，即产品体验设计环节。比如App或者网站页面的美观程度、App的页面打开速度、交互反应速度、按钮的位置是否可以轻松准确地点击、用户是否容易误操作，等等。产品交互用户体验在互联网产品设计环节中是一个重要的关注点。好的 UI 和 UX 产品设计，会有很好的易用性，带给用户流畅的使用体验，并且大大减少误操作概率。

1.2.2 广义用户体验

广义用户体验是指站在用户的角度所接收到的产品或服务的整体感受，是用户在获得某些商品、信息、服务时，每个接触点所产生的综合感受的结果。用户的接触点可以是线下店，也可以是线上 App，可以是人与人，也可以是人与机器。用户在整个交易流程中的主观体验感受，包括商品质量、性价比、服务舒适度、满意度、信息获取的快捷和准确程度，等等。所以，广义用户体验包括了软硬件产品带给用户的使用体验以及产品服务带给用户的感受体验。从时间上来说从用户接触了解一个产品的第一刻起，直到用户离开并与产品脱离关系时所获得的所有感受，都属于广义用户体验研究的范畴。本书主要围绕广义用户体验进行探讨。很多用户体验的优化项目中为了强调用户体验的全局性，也将广义用户体验称为“全流程用户体验”。因此，本书中如不做特殊说明，提到的用户体验都是指广义用户体验。

广义用户体验主要有以下几个特点：

（1）全局性。用户体验存在于企业运行的每一个环节中。不管是传统企业还是新兴互联网平台，用户体验都贯穿于用户的全生命周期中。对于企业和平台来说，任何一个用户触点的体验出了问题，都可能影响用户感受，影响用户口碑和品牌。所以，公司中的每个部门都和用户体验息息相关。有时候因某部门对用户体验的忽略导致千里之堤溃于蚁穴的后果，经常会出现在用户体验反面案例中。

（2）全员性。通常人们可能认为产品型公司主要的用户体验来自产品，用户体验应该由设计制造部门负责。服务型公司主要的用户体验应该由服务流程设计和运营部门负责。事实上，一个重视用户体验的公司，往往把用户体验植入企业基因中，每个员工的表现都与公司提供的用户体验分不开。譬如说，一个公司的行政部门和这个公司提供的用户体验是否有关系？乍一看，似乎是没任何关系，但事实并非如此。因为公司如何对待自己的员工，往往员工就会如何对待他们的客户。如果我们考察一个公司，发现这个公司的办公环境很好，行政部的同事接待热情，有积极主动的服务意识，那么基本可以判断这个公司对它的员工很好，员工对公司的用户也会提供良好的用户体验。

（3）相对性。用户体验的标准不是恒定不变的，它是随着时间、行业发展、目标人群等各种因素的变化而不断变化的。因此，用户体验好或者不好并非绝对，而是变化的和相对的。在固定的行业或固定场景中，行业的发展阶段和用户的经历会让用户对产品和服务有一定的基础预期。有的用户预期是用户在同行业中积累获得的。比如交通服务行业的用户预期，可以从滴滴出行、首汽约车、曹操出行等行业服务标准中获得。也有在不同行业的类同场景中积累的，比如各种柜台服务，通信运营商柜台、银行柜台、医院柜台、政府公共服务柜台，等等。用户在这些场景下会不断培养出对该类场景下用户体验的预期。如果实际发生的体验低于这个预期，用户感受到的就是差的用户体验，高于这个预期，用户感受到的通常是好的用户体验。所以用户体验具有相对性并且会保持持续的变化，我们无法直接定义用户体验好与坏的标准。只有持续提升才有可能取得好的结果，用户体验没有最好，只有更好。

（4）延迟效应。字节跳动创始人王一鸣在对外公开的文章中多次提到延迟满足，他认为企业家应该放弃眼前的利益，博取未来的人生跃迁。实际上，用户体验对于企业来说具有很强的延迟效应，因为企业对用户体验的投入很难像对市场和广告的投放那样对销售数据和 GMV 有立竿见影的影响。对用户体验的投入需要经历用户使用、口碑积累、口口相传、心智建立，最后才可能对公司的销售有所帮助，其 ROI 难以直接衡量。所以在这种延迟效应下，需要企业管理者具备延迟满足的能力。与销售和运营的投入产出有明晰的数字指标不同，用户体验考核难以量化，需要较长时间来验证。这个时间可能是几个月，也可能是几年，往往是在竞品进入市场时才能逐渐体现其价值。用户口碑不容易建立，一旦建立便会持续给企业带来长期和持续的收益。海尔的售后服务，虽然今天很多竞争对手都在学习和试图超越，但是服务范围多限于城市，在广大农村中，人们对海尔服务的放心程度和口碑依然在家电购买决策中发挥着重要作用，因为在广大农村中家电售后服务的好坏依然是用户最终选择品牌的重要决策因素。

了解了广义用户体验的特点，在用户体验优化中就要用全局、动态和长远的眼光来审视其价值，因此，坚持用户体验改进是企业长青的基石。

1.3 感知用户体验——共享单车之争

作为用户体验的研究者，如何感知发现身边的用户体验？如何识别一个产品或是服务是否注重用户体验呢？

首先，对产品和服务的用户体验研究的积累很重要。在日常生活的各种产品和服务中都不难发现好的用户体验和差的用户体验，作为用户体验的践行者，多观察多积累，就很容易发现其中的用户体验要素应用。通过长期的用户体验积累，对一个产品的用户体验就很容易做出评价。另外，因为用户体验具有相对性的特点，对用户体验进行同品类对比也十分重要。“五岳归来不看山，黄山归来不看岳。”看多了体验好的产品和服务，很容易发现差的体验到底是差在哪里。两个类似的产品和服务，我们可以从用户使用它们的接触点进行横向对比，便很容易从用户体验的角度做出评价。

从我们身边的一个案例可以来理解和感受用户体验的存在价值和它潜移默化的强大作用：

2018 年的杭州街头，共享单车最常见的有两种，一种是蓝色的哈啰单车，一种是黄色的美团单车（注：2019 年前后，滴滴也出了青桔单车）。这里不探讨共享单车的商业价值、商业模式以及它对于巨头们的流量和支付入口的意义。这个案例分析和阐述两种单车产品在用户体验上的差异以及影响。哈啰和美团单车二者可能在流量、实力、运营上区别不大。当这些竞争因素相对稳定差异不大时，产品的用户体验影响和决定了用户的最终选择走向。

先看哈啰单车的用户体验。由于用户的身高差异可能较大，所以用户使用共享单车经常需要调节车座高度，但体验中发现座椅调节很难。哈啰单车主要有两种调节方式，一种是传统卡扣的，一种是杠杆式的（类似虎钳的调节方式）。卡扣调节相对快，但由于把手很细，用户调节起来很费力。旋转杠杆式的就更麻烦了，经常需要把杆来回抽，有时候因为杠杆生锈导致拧动困难，经常调整座椅需要 30 秒以上，还未必能一次调好。

美团单车后来居上，相对哈啰单车上市较晚。具有后发优势，应该是在上市前针对用户体验做过一波优化。第一个区别是比较新，这个因为后上市，所以比较正常。但从用户体验改进上看，美团比哈啰多了很多产品体验优化：

第一，座椅调节问题。美团单车可以通过轻松快速的三步搞定车座。调节卡扣设计得很大，充分利用了杠杆原理，操作的时候女孩子也可以轻松地打开，调节，固定，5 秒搞定。哈啰单车的调节体验前面谈到过，有时太紧或者生锈根本调不动；而且调节不了的时候，因为座位低，骑车时口袋里的手机很容易掉出来，这也是座椅调节导致的用户体验的延伸问题。

第二，车筐深度。哈啰单车车筐很浅，而且向四周张开倾斜，骑行过程中遇到颠簸车筐里的东西很容易掉出来，而美团单车加深了车筐深度，并且开口是向内侧倾斜，有的还加了缓冲橡胶网垫，增大摩擦力，这样，车筐放东西时的稳定性有明显改善。

第三，开锁速度。美团单车的开锁速度快于哈啰单车，而且在某些城市美团直接取消了 App 中的开锁按钮，扫码直接开锁，大大减少了等待时间。（注：按钮本身有防止误扫的作用，所以我们猜测可能这个快速开锁是针对某些群体的体验改进）。

第四，尾部安全反光警示标示。自行车夜间骑行的安全保障之一就是反光板，当汽车灯光照上去的时候，会反射红色或者黄色的光起到警示作用。前期有些哈啰单车竟然省掉了尾部的安全反光板，不知道是成本问题还是什么原因。

第五，最重要的是骑行感受。相比哈啰单车，美团单车骑起来更轻松，开始猜测是因为美团单车比较新，后来我们尝试调研了不同新旧程度的车，做了对比，发现美团单车从骑行体验上整体就是比哈啰单车轻松。

以上均是基于2018年前后两者产品体验角度的差异分析，可能因为地域或车辆新旧不同略有差异，但是这里面并不涉及任何商业行为。当然，后来哈啰也改进了很多用户体验，目前两个用户体验已经趋于相同。

虽然，用户习惯的改变需要时间和契机，比如老用户在附近找不到哈啰单车才选择去骑美团。但是良好的用户体验保证了用户一旦入局，对比后，就难以离开。这就是我们常说的“不怕不识货，就怕货比货”。于是即便在一个成熟市场，当更好地满足用户体验的产品来袭时，那些不重视用户体验的产品就会慢慢地被用户抛弃。

此外，我们从中也能体会到关于用户体验的改进成本问题。由于共享单车本身是硬件产品，硬件产品体验的改进不可能短期实现。已经投入市场的庞大数量的单车几乎是无法改进的，这些硬件产品的用户体验优化成本太高了，只能慢慢淘汰替换，但用户会等多久呢？

对于一个企业来说，产品的部分细节可能决定不了公司短期的成与败，但其对用户潜移默化的作用可能是巨大的，甚至决定了未来的竞争成本和最终成败。因此，越早重视用户体验，用户体验竞争力建设的成本就越低，而用户体验给产品带来的复利效应也会越明显。企业对用户体验的投入可能不会立刻奏效，但只要重视用户体验、持续优化用户体验，企业在未来竞争中就有可能为自己提升一分核心竞争力，多保留一线生机。人们常说，正义也许会迟到，但永远不会缺席。对用户体验投入带给企业的竞争力也许会晚一点显露，但绝不会缺席。

1.4 用户体验分级——从相亲到结婚

在某互联网在线教育平台开展百名核心培训教师的年度述职时，发现大家的展示 PPT 的格式多多少少都存在问题。暂且不考虑审美因素，大部分 PPT 都有格式不统一、横竖没对齐、错别字等问题，严格说只有几位老师的 PPT 完全合格。公司 CEO 对 PPT 的格式要求极为严格，每页 PPT 上格式的不对齐都被指出。有的教师当时就提出了疑问。因为这些教师分别来自不同学院，包含会计师认证考试、教师资格考试、公务员考试等学院，事实上这些教师基本上都是授课水平很高、深受学生们喜欢的。他们认为培训 PPT 不需要格式这么严格，内容比格式更重要。但是，公司 CEO 的看法是，作为专业的培训讲师，公司汇报的述职 PPT 的格式等都存在瑕疵，那呈现给学员的培训 PPT 会有多少格式问题呢？

从用户体验的角度来分析，应该如何看待这个问题呢？公司为什么要强调培训教师的 PPT 课件美观性？首先，作为一个好的产品，用户体验的最低要求是看起来舒服，这也是用户体验的第一层次，可以称之为视觉体验或外观体验。作为培训机构，培训课件是给学员的第一印象，直接决定了学员对平台能力水平的初步感知。试想，在授课态度内容相同的情况下，一个整齐美观的授课 PPT 和一个很多瑕疵、格式都对不齐的授课 PPT，学生感受如何？答案显而易见。实际上在激烈竞争的培训市场，大部分潜在用户会通过免费的培训课程考量一个培训平台的能力。即使教师水平很高，但展示出来的培训 PPT 很一般，那给学员的第一印象需要长时间的后期交互才能逐渐扭转回来，更有可能的是，潜在的用户首先会通过培训课件来判断是否接受课程。

2020 年，有赞公司发生了一件“审美”事故。创始人白鸦将公司产品体验部更名为“审美缺失部”，警告员工说如果一个月内解决不了问题，就将这个部门解散。这实际上是对用户视觉体验的不重视导致的。当时的新闻截图如图 1.1 所示，从用户体验角度不难体会白鸦为什么会如此愤怒。

视觉体验是用户的第一感官体验，是用户对产品和服务的第一印象。“你的形象价值百万”，产品的“颜值”是用户对产品第一印象的重要组成部分。用户体验的分级就像用户与产品的相亲，由浅入深地了解。用户与产品、用户与服务、用户与平台之间的关系从第一次碰面开始逐步深入。这个过程就像从两个人相亲到结婚到共度一生，由浅到深地经历了用户体验的四个层级。

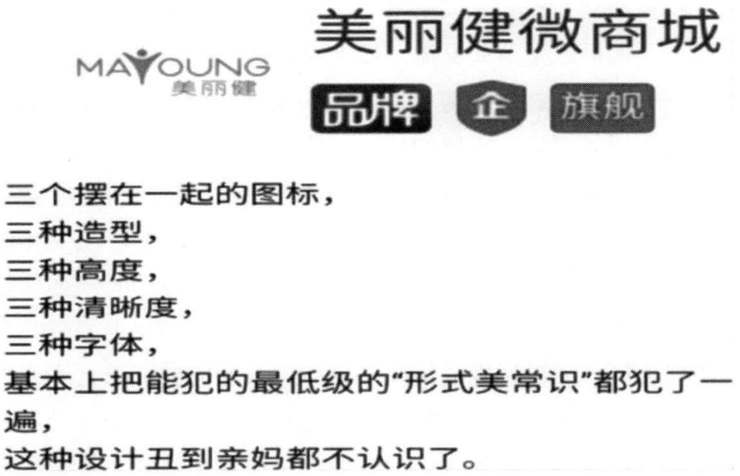

图 1.1 有赞事件新闻截图

第一层级是视觉体验。两个人相亲，对方的年龄、长相、妆容、衣着等都是第一印象，也是能否坐下继续交流的基础。如果这些视觉体验方面做不到位，就会让用户没有接触的欲望，这场相亲十有八九会终止于此。因此，前面的在线培训案例中，对培训教师的视觉体验上须有严格要求。第一，教师的形象要求，上课必须化妆，注重衣着搭配。形体上公司还聘请了知名的模特教练对教师进行培训。第二，培训的 PPT 需要严格按照公司规定格式，并且有专门的助教进行二次检查。如定期更换培训 PPT 模板，以降低学员的审美疲劳。用于潜在用户体验的免费试听课的用户体验更加重要，因为用户对平台的第一印象会直接影响最终用户转化率。视觉体验是用户体验的基础，也是用户愿意继续深入交流的前提。制定视觉体验的标准相对容易，标准化、专业化，符合品牌视觉要求，尽可能减少视觉瑕疵等，但视觉体验在执行上却很难。大公司往往对外宣传材料都是由专门的部门把控审核，例如 Apple 公司的对外材料都由美国总部统一设计规范，国内市场团队几乎没有修改的权限。

而小公司没有专门的品牌部，经常出现最基础的品牌字体、颜色的不规范使用导致的用户视觉体验问题，所以视觉体验作为第一层级的体验，运营核心目标是品牌视觉统一标准，执行到位。

第二层级是交互体验。如果第一印象视觉体验还不错，那么接下来相亲的两个人就可以坐下来交流，以便深入地相互了解。在用户体验的实践中，一个 App 的按钮响应是否快速、页面交互是否灵活顺滑、用户是否可以方便地找到自己需要的信息，这些都是交互体验的范畴。有了好的交互体验，用户才会继续深入地使用这个产品。如果一个按钮按下后等待半天才打开新页面，那这种交互体验就是糟糕的。交互体验在服务型产品中往往出现得较多，比如，用户在需要服务的时候如何能够更便捷地获取服务，不同渠道传递给用户的信息是否同步，服务收费如何能够透明准确等。如果说视觉体验是用户进入的门槛，那么交互体验就是能够留住用户的关键所在。好的用户交互设计，服务交互设计和信息交互设计都可以给用户留下深刻的印象，从而建立口碑，带来更多的复购。进一步而言，商品的质量，性价比，都属于交互体验范畴。一些电商网站，商品图片很漂亮，价格很吸引人，视觉体验很不错，然而用户下单后收到的商品质量却很差，性价比很低，甚至有被骗的感觉。这会直接导致因为交互体验太差而失去用户。如果交互体验伤害了用户，那么这个用户可能会永远离开，将难以挽回信任。

第三层级是情感体验。两个相亲的人感觉都很好，留下了深刻的印象，通过一段时间的接触，彼此之间建立信任，决定在一起。情感体验是高级用户体验，往往需要长期的交互逐步建立。产品和服务达到这个层级的用户体验，典型的行为就是主动维护对方的信誉和权威。用户体验达到情感体验，用户不仅会处处表达对产品和服务的认可，还会出现主动为品牌站台的拥护品牌行为。在品牌受到外界质疑的时候，用户会主动站出来解释维护品牌形象。这些用户也就是我们现在常说的品牌“铁粉”了，比如苹果的“果粉”，小米的“米粉”，华为的“花粉”。情感体验有可能是某一次交互体验的升级结果，但更多的是长期多次交互积累而形成的。各品牌“粉丝”们通过长期的对产品和服务的认可、对品牌交互活动中的信任逐步积累起来的情感体验，是很难被打破的，因此情感体验是打造忠诚用户的关键武器。

第四层级是终身用户。恋爱交往不是相亲的终点，结婚才是最终归宿。对品牌或产品达到了极高的忠诚度，用户才有可能成为终身用户。虽然单纯从用户体验上达到这个层级不容易，但某些场景下的峰值用户体验，依然可能让部分用户对品牌的忠诚瞬间提升，成就“闪婚”。譬如，海尔一直致力于打造终身用户，从产品优化迭代，到服务的持续升级。早年海尔服务在用户心中种下的种子非常深刻，如今很多四五线城市的老用户在选择家电的时候会义无反顾地选择海尔，就是前期建立起牢固的信任关系的结果。因为海尔服务已经根植在了他们心中。在此，应清楚地认识到终身用户不是一种用户体验的层级状态，而是一个目标，是所有企业持续打造用户体验的目标。

从视觉体验到交互体验，再到情感体验，最后到终身用户。低层次用户体验容易创造，但也容易被模仿和超越。而越高层次的用户体验越难设计，也越难被模仿超越。当然，越高层次的用户体验的口碑传播力往往越大。在信息高速传播的时代，一个让用户惊喜的用户体验，也足以让企业收到惊喜的回馈，品牌口碑在朋友圈的传播比任何广告都有说服力。

由简至繁、由浅入深地关注和修炼用户体验的每一个层级，在用户生命周期的每个触点都专注和经营用户体验，企业一定可以获得超预期的回报。

1.5 用户体验案例——成功源于处心积虑

看似简单的成功，常常源于设计者的处心积虑。用这句话来形容优秀的企业对用户体验的钻研可能再恰当不过了。专注用户体验的企业持续专注地投入人力、物力打造用户体验，使得用户最终选择自己。一个市场处于“蓝海”（注：指未被发掘出客户需要也不存在竞争的尚未存在的市场）时，没有货比三家，用户别无选择。但当某天用户可以进行对比和选择时，好和差的对比就很明显了。在很多场景下，好的用户体验就像空气，用户习惯它又感受不到它的存在。我们周围优秀的体验案例无处不在，本章我们探讨几个处心积虑打造用户体验的案例，从案例中感受优秀的产品设计者如何于细微处精心雕琢用户体验。

案例一：手机输入法改进。

这个案例来自搜狗 CEO 王小川的分享。一般的程序开发人员开发一个软键盘程序是很简单的，因为通过可视化编程语言中的基本组件选择、按钮组合就可以实现一个软键盘。其中，对于触摸屏手机而言，用户输入时手指按到的位置我们称为热点区域，简称“热区”。一般我们会认为每个软键盘的热区是均匀分布在按钮上的，如图 1.2 所示。这是大部分初级产品经理对软键盘输入按钮的理解。但是，我们在实际使用中会发现，这个键盘可能并不太好用。主要原因有两个：第一，缺少反馈。由于软键盘是在屏幕中，本身没有凹凸的触感，用户点击后像点击在墙上，得不到及时的反馈。第二，容易按错。尤其是单手操作输入的时候，由于视觉差、单手习惯等原因，手指点击按键的位置大多不是在

图 1.2　热区均匀的软键盘显示图

每个软按钮的中央，而是有偏差的。所以，一般优秀的产品经理会做两个用户体验改进。第一是添加声音或者振动反馈，声音不能太大，需要相对舒适。今天的所有的输入法都有这个功能。第二，需要根据用户习惯重新定义每个按钮的热区分布。先根据大部分用户的习惯来调整，如图 1.3 所示。根据每个键盘的使用频率，放大或者缩小其对应的热区，同时根据用户的按键习惯，调整按钮的热区位置，根据实际的不同敲击键盘爱好而有所偏移。第三，更高级的体验是学习的体验，千人千面，根据不同用户输入习惯来学习和调整按键热区的分布，学习用户习惯，并不断提升输入的准确度。为了提升输入速度和准确度，输入法还要结合高频词汇、用户的前鼻音、后鼻音习惯等来不断优化体验，所以用户会觉得越输入越顺手。由此可见，一个大家每天都在使用的输入法，背后却隐藏了很多的用户体验研究。

图 1.3　不同热度分布的软键盘

案例二：SONOS PLAYBAR 的网布选择。

作为美国无线智能音响的佼佼者，SONOS 有着音响中的 Apple 的美誉。实际上，SONOS 在 2011 年前后用户推荐度的 NPS（Net Promoter Score，净推荐值）得分就已经高于 Apple 公司了。SONOS PLAYBAR 诞生于2015年前后，是家庭影院系统的增强设备，可以听音乐或连接电视机组建家庭影院。在SONOS PLAYBAR的设计过程中，箱体网布选材问题在设计部门和供应链部门之间争执不下。因为在供应链发达的美国，采购部门提供了50多种不同的音响网布，都无法达到设计部门的要求。基于对声音的输出影响的考虑，又需要做到防划、防尘、防脏的设计等，产品设计部门毫不让步。提供的可选供应商中不乏Bose JVC等知名音响的网布供应商，测试结果都达不到PLAYBAR设计师的要求。最后采购部门把供应商扩展到亚洲地区，最后在日本终于找到了一款布料达到了设计要求，但是该组件的成本也增加了20%。其实，对于大部分普通消费者来说，根本感受不到布料差异，尤其是美国国内的高端网布可能很接近设计要求。但是SONOS的企业文化第一条就是Experience First，产品设计部门更是以追求极致的匠人精神，一心为用户打造追求极致体验的产品。无独有偶，在10多年前Wi-Fi网络覆盖不是很好的时代，无线智能设备最大的问题并不是功能性的，而是联网稳定性。所以SONOS的每台音响都会采用6根天线，沿对角线3个方向部署，以保证Wi-Fi信号传输的稳定性。而国内很多价格低廉的智能电器、物联网电器等，厂商经常只使用一根天线，甚至只增加一个十几元的无线模块就给自己披上智能家电的外衣，联网稳定性体验可想而知。SONOS正是靠着这种追求极致用户体验的精神，成就了国际智能音响品牌的地位。

案例三：招商银行客服中心服务。

招商银行的客户服务可以说是客服行业的典范，让我们更为吃惊的是，它并没有停步不前，还在不断改进。很多企业都提供多媒体服务、在线服务、自助服务，所以客户一般能在线解决的问题不会打电话。一旦打电话，往往是着急的事情或者投诉。招商银行每次给人的感觉都是如沐春风、专业、耐心如朋友一般。如果我们关注服务体验，不难发现招商银行客服在细节上做得非常好。举个小例子，拨打招行电话，现在很少收到短信邀请对服务做评价。这个看似呼叫中心运营退步的改变，实际上已经走在了大部分呼叫中心的前面。邀评动作与用户的服务没有直接关系，这个动作是为了对呼叫中心的座席进行管理和绩效评价。这种为了企业管理而对用户造成的骚扰问题正日趋严重，用户也不怎么理会，甚至拒绝评价。但这个动作已经成为对用户体验的伤害。试想如果一个呼叫中心可以不通过回访数据收集来管理座席，说明对服务质量的管理已经达到了新的高度，对自己的服务足够自信。而对用户来讲，也减少了邀请评价短信带来的打扰。这是不是服务的进步呢？

案例四：手机的短信验证码数字前置。

短信验证码是很多银行、电商、App 等都常用的登录和验证方式。例如，使用安卓手机的朋友在输验证码的时候会有这样一个经历，很多平台发送验证码短信提醒时，短信会部分显示在手机上端，由于不能立刻看到验证码，需要切换到短信界面查看验证码，然后，再切回 App 注册验证界面，这一来一回的切换，对用户来说是非常麻烦的，有时候还记不住需要多次切换。从业务流程上有可能直接影响到用户的注册成功率。Apple 公司最早解决了这个问题，自动识别验证码短信，并支持点击直接填入。虽然，有的安卓手机模仿支持这个功能，大部分依然是需要人工填写（可能有专利的原因）。即便是人工填写，我们也会发现不同平台的短信验证码方便程度不同。在验证码弹出的时候，有的平台会把验证码放在短信开头，这样即使手机短信提醒只有一行预览，用户也不需要跳出当前界面打开短信查看后再切换回 App 填写。然而，不注意这个细节的平台短信验证码常被放在短信的后半部分，用户一定要切换到短信界面先背下来数字，之后再切回 App 输入。验证码放在短信头部这个看似简单的改进，不仅提升了用户体验，在用户注册过程中的首次注册成功率也可以提升不少。

由小见大，从以上细小的用户体验改进中可以感受到企业对用户体验的用心，同时也可以了解到用户体验提升给企业带来的长效回馈。以上这些案例都是在从一个点来优化用户体验，我们可以从这些点窥探到追逐用户体验的企业的底层动力。用户体验由点及面，可以渗透到产品、软件、服务、市场、营销、用户运营等每个环节。小到一条短信，大到全流程用户触点，用户体验都可以发挥积极作用。用户体验的持续改进没有上限，没有最好，只有更好。

1.6 用户体验价值衡量——私域流量承载者

私域流量的概念随着互联网“后流量时代”的到来逐渐走入人们的视野。私域流量到底是什么？为什么要重视私域流量运营？原因很简单，因为公域流量越来越贵，为了降低运营成本，探索私域流量运营就变得越来越重要。私域流量一般是指不用付费，可以在任意时间、任意频次，直接触达用户的渠道。例如，现有用户、自媒体“粉丝”、各类服务微信群等都可以算作私域流量。另一种说法是 KOC（Key Opinion Consumer，关键意见消费者）可辐射到的圈层群体。其实，私域流量和很多互联网巨头打造生态平台的目标大同小异。目标就是把已经圈进来的用户维护好。

私域流量的核心目标是把存量用户服务好。那么，支撑私域流量运营的底层逻辑是什么？当然不是各种私域运营手段！能够承载私域流量用户期望的底层驱动力依然是产品和服务的用户体验。如果用户不喜欢你的产品和服务，会直接拉黑或者取消关注，私域流量的蓄水池越来越小。所以，私域流量能不能维持好，用户体验变得非常重要。

公司经营的每个动作都会考虑投入产出比。如何来衡量用户体验的投入产出？下面回顾一下前面品牌元年谈到的用户生命周期的几个阶段：

第一阶段是新用户的获取。不论是传统企业的电视广告，还是后来的互联网流量争夺，都是用户流量的获取，这个阶段所有公司的主力投入都集中在品牌露出、流量获取、创造认知、建立用户兴趣等方面。

第二阶段是提升转化。传统行业通过线下店销售转化，一旦用户来了，想尽办法也要把用户留住，把产品卖给他。互联网平台则通过各种运营手段、电话销售来促转化。

第三阶段是活跃和留存。电商会用复购率来作为重要的指标，而传统企业在这个环节主要在售后服务中寻找机会，并使用户产生黏性。

以上3个阶段，用户体验都发挥着重要的作用。好的体验带来的用户传播，自然可以帮助企业运营降低成本并获得流量和提升转化。因为朋友的推荐比从广告获取的信息更容易被用户信任，这也是新零售体系里社群经济的基础。活跃和留存更需要依靠用户体验，拥有好的体验，用户会反复使用，体验不好就很容易变成一锤子买卖。近几年互联网快速发展，每个阶段的运营成本都在变高，下面我们分解来看每个阶段用户体验能够带来多少可衡量价值。

第一阶段是拉新。互联网发展初期流量为王，谁占有流量入口，谁就是成功者。在行业处于一片蓝海时，用户流量容易获取，因此在新市场中拉新投放效率极高，各种广告铺天盖地，竞价排名。从初期线上流量到后期的线下推广，再到电视广告等传统渠道的流量入口争夺，这种竞争的白热化结果就是整条生态链上的利润越来越多地被流量平台瓜分，这也是为什么今日头条、抖音、快手等短视频流量平台越来越赚钱的原因。以成人在线培训行业为例，几年前一个用户获取只需要1~2元，今天需要20~30元，甚至更高，企业需要付出几年前10多倍的获客成本。这种激烈竞争导致很多公司的获客成本越来越高，也成为公司运营的最大困难。于是，公司就不得不提升获客单价，用今天流行的话语来说就是运营也越来越内卷。如图1.4是近年来阿里巴巴的流量成本，流量获取成本由2013年9月的12.17元/人增长到2018年12月的77.99元/人，我们从中可以清晰地看到流量成本的增加趋势。

第二阶段是压榨转化率。新兴蓝海市场用户没的选择，用户从了解到下单转化经常是水到渠成。但是如今很多行业已经成为红海（指已经存在的、市场化程度较高、竞争比较激烈的市场），加上流量成本的剧增，大家开始珍惜每一个流量，这就逼着企业不得不把原来的自然转化变成了强制转化。如何强制转化呢？电话销售成为重要的武器。我们常看到儿童培训的线上广告、电梯广告，这些流量的自然转化率很低，在

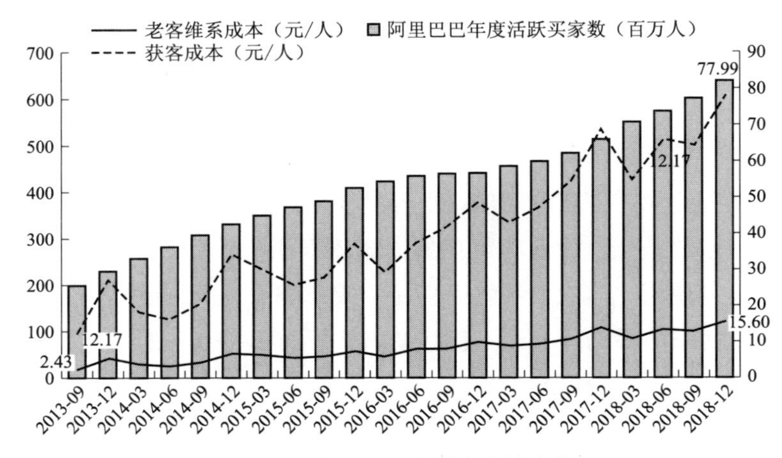

图 1.4　阿里巴巴流量成本的变化

（数据来自中信建投证券研究发展部 http://www.360doc.com/content/19/0328/18/52960512_824794988.shtml）

多重信息轰炸下，看了广告就去买课的家长越来越少。于是，今天大部分已经变成了通过广告入口获得用户信息，紧跟着进行电话营销。很多在线培训平台都有一个庞大的电话营销团队，为什么？因为他们不得不像卖保险一样兜售家长焦虑感来获得高转化率。而好的用户体验带来的用户口碑，在转化率问题上可以水到渠成。尤其是在一些有共同需求的群体中，如健身、母婴、美妆等消费人群中，品牌的口碑和用户体验直接决定了转化率的高低。每多一个转化，综合运营成本就降低一分，竞争力就提升一分。

第三阶段是用户活跃和复购。很多快速发展的公司因为第一、第二阶段足以带来很好的 GMV，往往不太注意产品和服务质量的用户体验。随着时间推移，在第一、二阶段都近乎被完全渗透后，不得不进入第三阶段的竞争。除了促进用户活跃和老客户挽回的常规运营手段，好的口碑和用户体验是用户愿意复购的底层驱动力。在第三阶段用户体验的价值非常明显，好的用户体验可以让平台和用户之间的关系直接跳过第一、第二阶段，拉新成本为零，转化成本为零。

很多公司初期第一、二阶段出奇制胜，只要有钱就能买来流量，有流量就可以强制转化，但最终卖出去的可能是质量差的产品或者服务，用户体验却被伤害得一塌糊涂，成交一个伤害一个。用户体验打造从避免负口碑和客户流失到推进用户的正向转化，这不是单纯地从 0 ~ *n* 的价值，而是从负到 *n* 的价值，加上复利效应，就是到 *n* 次方的价值。累加以上 3 个阶段用户体验的价值，就可以估算出用户体验投入给企业带来的最终价值：

第一阶段，口碑传播不需要拉新投入，1 个用户告诉他周围的 10 个用户，就是 10 个流量成本的价值。

第二阶段，好的用户体验形成的口碑推荐，转化率远高于自然转化，转化率每提升一个百分点，就是同样投入下 GMV 又提升了一定的比例。

第三阶段，用户的复购，0 成本获得用户成交。

因此，由于流量红利结束，中心化电商平台进入缓慢发展期，导致传统电商遭遇 GMV 增长放缓。如图 1.5 所示，2019 年，三大电商平台 GMV 增速都降到了 20% 以下。于是，进一步促使私域流量快速崛起，推动了私域流量变现的进程。私域流量平台逐渐形成了通过微信群、直播等社交媒体销售商品的电商模式。而以私域流量为基础的电商模式近年来迅速在行业扩散，发展迅猛。

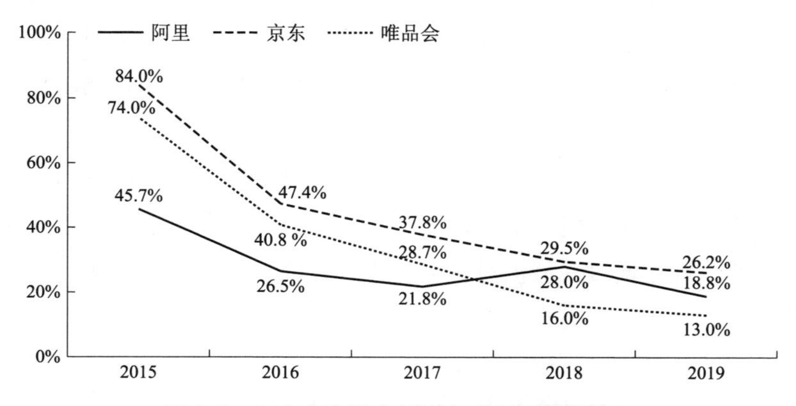

图 1.5　三大电商平台历财年 GMV 增长情况

（数据来自 2020 年零售私域流量发展白皮书）

那么，私域流量为什么厉害？可以从以下 3 个方面理解。

第一，私域流量可以提高消费者对于品牌的好感度和忠诚度，提高销售转化。在电商平台，商家和消费者只能完成一次交易，交易结束，平台与消费者的连接也就结束了。当你把消费者圈起来，不管是品牌，还是个人，都不是一个冷冰冰的账号，现在大家一直在说“人设”，其实就是通过人设拉近和消费者的信任感，没有信任，就没有商业成交。增加信任感运营手段有很多，但大量印发广告的做法是下下策。

第二，通过私域流量的口碑传播，低成本以老带新。好不容易通过各种渠道聚集起来的流量，其实背后都是一个个认可品牌的消费者，每个人都有自己的社交圈，所以，私域流量应该考虑的是口碑和分享：

口碑：通过品牌的激励，利用消费者的社交关系链，实现产品的口碑传播。

分享：每个消费者又都是他们所在圈子的传播者，在私域流量里，更容易通过激励引导消费者进行产品分享。

这里以美妆护肤为例。每个爱美的女士可能是朋友圈几百或上千个好友中的美妆达人，可能是微博、小红书的素人博主，通过她们的自发传播，打造品牌在自媒体平台上的声量。而很多新兴品牌，没有特别多的市场预算，又愁于找不到 KOL（Key Opinion Leader，关键意见领袖）进行投放，却没想到忽略了他们的消费者，而这些消费者是了解品牌且真正在使用产品的一群人。如何有效激发消费者自传播，是品牌做私域流量要思考的。

第三，私域流量可以优化产品，提供产品建议。很多时候，新品上市，品牌会通过调研机构进行调研，花了钱，调研结果还不一定代表真实消费者，现在通过私域流量，自己直接在消费者群体里调查，反馈到供应链和产品，效率高，效果好，关键是还省了调研费。

第四，私域流量可以去库存，甩尾货。试想电商怕什么？怕库存！库存在手里，那可是现金流啊，尤其是服饰商家换季的时候，看着一仓库的货，就像看着一堆用不了的钞票一样。现在很多大品牌通过拼多多来甩尾货。很多中小品牌，尾货数量不多，现金流也不多，上拼多多又没必要，私域流量就是他们最好清库存、做拼团的地方了。

放眼互联网大潮中的公司，大多在成立的前期都是野蛮生长，捞快钱。如果把公司运营比喻成练武功，那互联网的流量、拉新、运营这些手段可以说是招式。如武功招式中有一个叫“天下武功唯快不破”。互联网公司可以不断发明各种新招式运营手段，而归根结底用户体验是内功。两人都学会同样武功招式时，谁能胜出就要看内功的修炼程度了。建立私域流量，此时就显得非常重要。

建立私域流量，通常有以下几种方式：

第一，从公域流量里面捞流量到自己的私域；

第二，从别人的私域捞流量到自己的私域；

第三，在自己的私域进行裂变，扩大流量池；

第四，把产品做得有自传播性。

对于大品牌来说，依靠品牌溢价，有自带流量的效果，大家会直接去自己喜欢的品牌店铺购买商品，且他们手里握着相对充裕的预算，流量的获取会相对容易，不小心投放失误了，还可以说服老板，就当作产品前期曝光。

对于一些中小商家，新兴的品牌认知度较低，淘宝内部拉新成本相对来说比较高，手里的预算又比较紧张，投一次微信 KOL 可能都要找同行交流个不停，保证有效触达，以及符合心理预期的 ROI，然后才内心忐忑地进行一次投放。

其中，微信群、微信公号、微博、小红书、App 等都可以理解为私域流量，里面包括各种各样的账号自建的私域流量。最早的淘宝网红店，如张大奕、雪梨等，就是在微博上积累了“粉丝”，在淘宝店进行流量的变现，只是随着微博活跃度下降，微博“粉丝”变现难度越来越高。商家把注意力放在了用户使用时间更长的其他 App 上。

这里面需要注意的是，私域流量并不等于微商。很多人觉得做私域流量池，就是养微信号，把每个微信号养成有 5 000 个好友，在朋友圈发发广告，就会吸引很多好友来看。要么就是拉群，裂变拉人头。确实，建立和维护好自己的微信群是非常有效的私域流量，很多群同时发力，能够起到很好的订单转化效果。虽然可以认为这就是微商的雏形，但是私域流量不等于微商，现在很多人一谈到私域流量，就觉得是微商，如果还停留在这样的思维上，就算想做，也肯定做不好。

因为，微商本质是贩卖给大家赚钱的梦想，通过代理和拉人头实现高利润率产品的流通，大部分产品都囤在各级代理手中，朋友圈不停刷广告，吸引的下家数甚至比消费者还多。产品必须是高利润、高频、大众化的，例如面膜、减肥药。而私域流量核心是运营和提供消费者价值，拉近品牌和消费者的距离，如果迫不及待地收割，除非拉新能力非常厉害，否则这样的私域流量是没有意义的。现在大家缺的不是建群的办法，而是活跃群的办法，因为“僵尸”群是没有价值的。

1.7 启动用户体验——宜未雨绸缪，毋临渴掘井

任何行业市场竞争最终都将是一片红海。当发现新的蓝海时，企业如鱼得水，如有神助，销售和 GMV 飞速增长。可当竞争对手蜂拥而至时，企业靠什么守住打下的疆土？多少企业在流量红利时代辉煌一时，但风口过去增长乏力，最后感叹。究其原因，是天晴的时候没修缮屋顶，暴雨来临时却发现一切都已经太迟了。这正应了那句古话——“宜未雨绸缪，毋临渴掘井”。

很多公司墙上挂着“用户第一，客户为本”，但在实际的经营管理中，又有几人可以抵挡风口赚快钱的短期利益诱惑？销售和运营等肩负着公司销售指标和 GMV 指标的部门是不是常与服务、质量、用户体验部门吵得不可开交？从众多企业失败案例研究中可以发现，忽略用户体验是创业公司和红极一时的独角兽公司虎头蛇尾、走不远的重要原因。口碑问题造成的后果往往是难以挽救的。因为拉回一个被你伤害过的用户可能是获取一个新用户成本的 7 ~ 25 倍。所以，很多时候当企业增长乏力想挽回曾经被自己伤害的用户时，却发现自己已没有那么多的资金可供使用。

移动互联时代用户体验问题会传播和爆发得更快，因为信息的传递

是顷刻间发生的。俗话说："好事不出门，坏事传千里。"用户自己开心，未必和朋友分享。可如果被伤害一次，就会在各平台吐槽，引起其他用户的讨论、评价和转发，对品牌造成的是高速的数量级增长的伤害。

一个新兴蓝海市场，用户没有选择机会时，只能被动接受一个产品。此时，企业不在乎用户体验的后果并不会凸显。但是当竞品涌入，用户有选择权时，最后用户忠诚度决定了谁在竞争中取胜。当所有的运营手段都不是行业中的秘密时，竞争就会回归商业本质，即为用户提供好产品和好服务。

如果一个企业曾经在互联网风口利用流量和运营之术获取过高速的增长，那这个企业从GMV运营导向转向供应链和用户体验导向是非常困难的。当某天遇到增长瓶颈时，运营团队往往还在思考是不是要换个新运营手段就可以突破困境。实际上，很多短期有效的运营"兴奋剂"是背离用户体验的。如果这个企业在用户体验问题上已病入膏肓，那"兴奋剂"带来的只能是虚假繁荣，回光返照而已。

用户体验的打造本身是一个长期坚持和优化的过程，它不像市场营销的广告投入，投放后DAU（Daily Active User，日活跃用户数量）立刻就会出现变化。相对于市场营销来说，用户体验带来的正向效果很慢，也不容易直接用数据衡量。这就要求企业管理者能够有危机意识和高瞻远瞩的格局，早日关注和布局用户体验。

打造用户体验，和传统企业强调的客户为本、用户至上是异曲同工的。区别在于：用户至上、用户为本是企业价值观精神层面的东西，是指导原则，而用户体验运营是一个系统的管理技术。用户体验运营是要用系统的方法收集用户全生命周期的触点，加以跟踪、收集、分析、分类影响用户体验的问题，然后提出改进意见。改进产品，改进流程，优化组织架构，从而带来全流程用户体验的提升，打造持久的用户口碑和企业竞争力，这些才是用户体验运营的终极目标。

实际上，我们须清醒地认识到私域流量也正在改变着零售商业。所谓的"人、货、场"指的是用户和员工、商品和场地，这是零售商业的3个重要组成因素。私域流量情况下的实体零售商的“人、货、场”有所变化，人是流量来源，场是基于信任。事实上，在未来私域流量将重构整个“人、货、场”。

从人的方面看：在现在的零售模式中，人特指消费者。在私域流量模式的零售中，人具有消费者和销售者两重属性，双方是可以交互的，人人皆可成为流量的来源。

从货的方面看：在现在的零售模式中，货的展现方式是通过货架式陈列、平台搜索式购买，通过品牌力吸引消费者购买；在基于私域流量的零售中，货的展现方式是通过推荐式呈现、发现式购买、人的口碑吸引，货可以走进田间地头展现。

从场的方面看：在现在的零售模式中，场是指店铺或者线上平台。在私域流量模式的零售中，场是基于社交场景的，由社群、朋友圈、内容社区、短视频、直播间、自媒体推文等多个社交触点组成。

因此，越是在企业高速发展的晴天，企业越需要居安思危修葺屋顶，及时发现并修补用户体验漏洞，打造私域流量至关重要。私域流量的崛起意味着零售会员的运营将由过去“粗犷式”运营进入“精细化”运营时代，这将为行业带来新的发展机遇，吸引不少创业者及资本入局。只有把用户体验看成关乎企业命脉的工程，重视起来，不断优化，才能建立起强有力的无形的竞争力铠甲。用户体验壁垒，在强敌来袭时可以做防守的盾，而在流量变成业务增长瓶颈时又可能成为进攻的矛，实现自我造血，帮助企业走得更远。

第2章 用户体验常见的误区

2.1 “数据自嗨”——眼见不一定为实

“数据自嗨”是 BI（Business Intelligence，商业智能）大数据背景下很多企业都存在的一个很有意思的现象。大数据除了帮助决策，更多地被用在证明业务部门的工作成绩中。由于业务的复杂性，大数据往往不能表现出所有真实情况。数据表现很好，但业务正在背道而驰的现象经常发生。比如有的呼叫中心 KPI（用户满意度调研得分）数据表现一直很好，用户却在不断地流失。这就是典型的“数据自嗨”。本章讨论企业如何避免在日常运营中“数据自嗨”。

某运营商呼叫中心的案例我们反复提到，座席态度很好、很耐心地解答完问题后，最后对用户说的一句话是“稍后请您按‘1’后挂机”。做过呼叫中心的人都知晓其中深意。呼叫中心在服务结束后，一般座席标准的话术是“稍后请您对我们的服务进行评价”，然后语音系统会提示，“满意”请按“1”，“一般”请按“2”，“不满意”请按“3”。诸如此类的标准调查，暂且不论收集到的数据完整性和准确性，这个调查结果是一般呼叫中心运营的重要 KPI。但是由于一些呼叫中心对座席的 KPI 考核不断加码，导致座席人员不得不直接引导用户在挂机前去按“1”键来增加自己的满意度得分。

这样的神操作给用户带来的负面服务体验是显而易见的，最重要的是我们自己得到的 KPI 结果是准确的吗？能反映用户的满意度和体验吗？当然不能！恰恰相反，业务部门还会掉进“数据自嗨”陷阱。给领导汇报 PPT 数据漂亮，趋势向好，实际上用户正离自己而去却没有人发现。不深究漂亮数据背后逻辑的老板也会被业务部门的漂亮数据“埋”在里面。

作为用户体验的运营者，要做的是深挖底层问题。那些被我们忽略的海面下的冰山部分往往是致命的。很多时候企业运营依赖数据，但绝不能盲从数据，更需要看透数据背后那些容易被我们忽略的东西。比如满意度数据收集中那些对我们不满意但是并不给我们提供反馈的用户群体，就是水面下的冰山。

让我们一起看几个常见“数据自嗨”的案例。

案例一：呼叫中心用户满意度 KPI，用户真的满意吗？

前面某运营公司座席的案例可以说明我们收集到的信息不够准确，但在实际操作中同样的客观条件下，宏观数据的趋势对呼叫中心管理是有参考价值的。但我们需要做的是发现背后可能存在的漏洞，更深层次地了解用户的满意情况。而通过常规的满意度调研可能根本无法获取真实情况。那些愿意打电话抱怨投诉的用户，他们内心的真实想法可能是觉得不想放弃我们，希望我们能在产品或者服务上有所提升。而那些对我们彻底失望的用户，根本不会来给什么评价和投诉，还会把糟糕的体验四处分享。所以，大部分时间通过用户问卷收集到的满意度的数据都是不全面的，因为那些已经对我们彻底失望的用户，根本不会提供任何反馈。一个企业在进入新市场中的不同时期，获取的用户反馈往往是不同的。新用户有新鲜感，在促销活动下会有一些高于预期的惊喜。而随着时间推移老用户期望值越来越高，再加上竞品的侵入使服务和产品有了对比等因素都是影响用户满意度得分的。那有没有办法做到相对准确？一方面要求用户满意度调研的准确性，避免为了达到 KPI 得分而操纵影响用户问卷或索要评价的问题。另一方面可以走到市场中去收集用户声音，比如市场的随机访谈调研，或者在互联网上收集所有的 VOC

(Voice of the Customer，用户声音)，重视那些投诉和抱怨的用户，通过这些用户深挖业务中的用户体验问题。

案例二：搜索效率提升，大数据关联推荐。数据智能真的带来了投入产出效率和用户体验吗?

快速发展的公司经常会引入新技术来武装自己，尝试建立和提升核心竞争力。但有时对数据的盲目相信可能是致命的。数据的表现可能正好把用户体验的问题遮蔽了。某电商平台有一个庞大的数据 BI 团队，支持互联网平台的大数据运营。其中有一个部门是做搜索效率优化的，有十几名数据 BI 专家。该部门的核心任务是做搜索优化和 AI (Artificial Intelligence，人工智能) 推荐。那如何向公司来证明团队的成绩呢?数据 BI 团队的负责人从团队中分出几个人，对自己的搜索效率用数字进行分析论证数据 BI 的投入产出价值。这个小组通过数据证明，使用 AI 算法优化后，平台给用户的推荐的准确率提升巨大。同等流量下提升了转化率、增加了利润，利润提升的部分远超过这个部门的成本，老板看后很满意。但实际这是否为一个左手证明右手的数字游戏呢?我们看看数据智能推荐工具真实效果就知道答案了。平台运营部门发现在所谓的 AI 搜索下，搜索结果的准确性还不如基础算法，导致用户中途跳出率比以前高了很多。这个数据 BI 团队做的就是自圆其说地来证明自己的价值。我们不否认 AI、大数据的积极作用，但是如果不结合用户实际和商品实际情况，脱离供应链和用户体验，实际上可能造成负面的用户体验。有时，这种“数据自嗨”导致的结果更恐怖，用户很多时候反而找不到自己需要的商品，即使该商品正在平台上销售。实际操作中还发现一个致命的问题：算法算出来的推荐产品，经常是用户差评率最高的产品，因为图片精美、价格低廉，所以用户下单量高，但实际上实物质量很差。在缺失用户体验因子的情况下，智能算法加速了“图片美，价格低，质量差”的“劣币”商品的销售，推动了用户口碑的进一步恶化。

案例三：主流平台的 AI 推荐。“极化”用户个性，弊大于利。

当下百度、京东、淘宝、天猫、头条、抖音等这些平台的 AI 推荐算法“数据自嗨”。流量平台为了提升信息流准确率都在使用 AI 推荐算法。用户不小心点击了一个商品，这个商品的同类商品就会在各个平台的广告栏位反复出现，这种看似是了解用户需求有助于提升推荐准确度，但算法带来的负面影响也是巨大的。这种粗暴的 AI 推荐算法本质上并不是真正了解"用户需求"，反而容易造成需求"极化"，事实上是在剥夺用户选择权。例如一个人喜欢看搞笑视频，各平台就拼命地给他推荐搞笑视频，使用户不能自拔。小孩子搜索了某种类型动画片，各平台就拼命推荐类似动画片。成年人还有一些自控能力，而孩子们在这种推荐算法的影响下，会失去接触信息的多样性，不自觉地被强化某种性格。这样的 AI 算法也是各平台的"数据自嗨"。平台自以为了解用户，实际上正在强加给用户，剥夺用户获得多样性信息的权利，尤其是对下一代的影响弊大于利。

如何避免数据自嗨？首先要正确看待大数据的作用。一方面 BI 大数据不是也不能用来直接做决策。如果大数据能管理好公司，那么一个公司只需要 BI 大数据部门和财务部门就可以了。为什么要花高价聘请有经验的业务管理者呢？运营部和财务部最大的区别是中长期战略和短期战术的区别。财务部很喜欢看投入产出，容易忽略对长远生意的影响。一个卖得很好但是用户差评率高的产品要不要继续卖，如果只看数据给答案，那么应该是要卖。

避免"数据自嗨"，要了解数据的局限性。很多 KPI 的设定是静态的。设定 KPI 的同时，不能忽略 KPI 带来的边缘影响。比如提前考虑某个 KPI 可能造成的负面影响。针对此类影响的对应的策略是什么？避免局部 KPI 与全局 KPI 的冲突。企业设定目标时，一切 KPI 的设定都需要注重底层逻辑。不管用多么先进的技术，多么先进的管理运营策略，不能与商业底层逻辑冲突。商业底层逻辑是好产品，好体验。如果用一些投机和取巧来换取短期数据的虚假繁荣，那这个企业不可能活长久。这也是 KPI 制定者需要懂业务逻辑的根本原因。

大数据要怎么用？大数据最好的用途是在战略制定后，作为检测反馈战略正确性的指示器，不能用反了，更不能用来指导战略的制定。大数据可以监测战略执行和预期的一致性。战略执行中，如果管理者发现数据结果与战略目标不一致，立刻进行问题还原和战略调整。而不是本末倒置地使用大数据。

企业发展到一定阶段，KPI 导向下多少都会出现“数据自嗨”问题。解决这些“数据自嗨”也是企业用户体验优化的开始。管理案例中经常有中小创业公司没有 KPI，但运行顺畅、成长迅速，反而随着公司壮大出现管理问题。这些公司开始用 KPI 数据来进行管理和要求员工的时候，强调数据导向反而容易发生“作茧自缚”的结果。创业者中流传着一句玩笑引人思考：当一个公司开始天天忙于用数据 KPI 来管理逼迫员工的时候，可能这个公司就开始走下坡路了。企业对 KPI 的使用、对数据 BI 的使用一定要适度，盲目地信任数据，可能是“数据自嗨”“一叶障目”的开始。

2.2 从关怀到骚扰——过犹不及的服务

什么是好的用户服务？满足用户预期并且在一定程度上超出用户预期的服务。不少企业管理者对好服务有很深的误解，过度服务，结果造成了对用户的骚扰。以下场景可能我们经常会遇到：

场景一：在逛街的时候，偶尔进到一家商铺，想逛逛随便看看，结果销售人员从你进入就开始各种客气，一直跟随你左右，不论走到哪里，都紧跟着你，还不断地重复着“有什么可以帮您，喜欢可以试试”，诸如此类的“标准话术”。销售人员的初衷是想为你提供周到服务，但对很多用户来说，距离产生的压迫感反而让自己很不舒服，甚至本来想多看一会儿，但被这种压迫感折磨得毫无兴致，只想着赶紧逃离。

场景二：在淘宝购买了一件商品，用户收到货后，商家很热情地让客服在旺旺留言：“亲，您已经收到货了，请问您是否有什么意见或者建议，如果有什么意见，请随时与我们沟通哦。”这个信息虽然可能是提前设定好的，用户收货后机器人自动发起的信息推送，本身是一个比较合理的主动关怀动作。但有的店铺，如果用户没有及时响应回复，旺旺会反复地发信息问用户是否满意，邀请用户给好评。可能本来很好的商品体验，被这种过度关怀弄得一团糟。

场景三：家电售后服务中心回访电话。售后人员上门安装后，次日呼叫中心进行回访，问上门安装维修人员的服务态度，是否有乱收费等现象，这本身是行业标准的回访服务。可是次日，又有电话来咨询对安装是否满意，用户被弄得一头雾水，后来才弄清楚，第一次打电话的是第三方服务商，第二次打电话的是家电品牌的客服中心。服务商怕用户不满意或投诉，所以提前打电话给用户摸底。而品牌商的座席作为服务工单的关闭节点，会进行标准回访，用户满意才给服务商结款。这样的回访很多时候会弄巧成拙，对用户造成骚扰。

以上这些场景，都是给用户带来不好体验的过度服务。过度服务的症结在哪里呢？主要原因有以下 4 个：

第一个是想提供热情的高于行业标准的服务。企业或者服务部门认为，只要对用户热情，就是好服务。所以就把一腔热情都倾洒在用户身上。殊不知，用户需要的不仅仅是热情的服务，还有安全距离、空间感、隐私，等等。不同场合下热情需要不同的尺度，不能对用户无视，但也不能过度热情，不能过度挤压与用户之间的安全距离。不同行业可能对于用户安全距离的界定是不同的，需要根据情况区别对待。但无论如何，在制定服务策略和服务流程的时候，需要考虑用户安全感和隐私的问题，过犹不及。

第二个是竞争压力。在红海市场中，产品的差异化微乎其微，所以管理者往往要求在服务上加大差异化。竞品做到 A，我就一定要做到 A +；竞品做到 A +，我就要做到 A + +。这样加到最后，就变成了一种过度服务，甚至是骚扰。好的服务本身不是简单地做加法，一定要根据用户的真实需求来采取对应的服务方案。有时候减法反而会加分，比如招行在部分用户的电话咨询后取消了回访环节。只要用户心中满意，何须再去询问用户是否满意呢？

第三个是 KPI 管理导向。这是因为过度的 KPI 管理，或者 KPI 与员工收入挂钩导致的用户体验不佳，比如前面说的品牌方与第三方服务公司的关系。服务协议一般会有这样的条款：如果用户不满意，那么服务费不支付或打折支付。这些就会给服务商很大的压力，因为用户不满意，他们就很可能拿不到钱。所以服务商会提前了解用户是否满意，其真实意图是希望自己的钱不要打水漂。在这样的"用户满意"与自己收入挂钩的情况下，还有的服务商为了拿到用户的满意，甚至对用户进行干扰和威胁。

第四个是销售导向的过度服务。我们强调服务是未来营销的重要渠道之一。但有的公司东施效颦，自己的服务还没做好，就想在服务过程中开始营销。这样不仅营销的成功率很低，还会把服务口碑搞得一塌糊涂。海尔曾经在服务生态上犯过错，成为海尔服务中经典的反面教材。有段时间海尔集团旗下日日顺公司负责售后服务商的部分管理，为了搭建服务生态，竟然让服务商在给用户安装家电产品后推销与电器毫不相干的大米和白酒。这个过度服务不仅把服务商搞得怨声载道，还给用户造成了很差的体验。所幸公司及时发现问题，及时取消了这一"增值服务"并调整明确了服务的用户体验核心目标。

如何把控服务尺度，在服务中做好用户体验的同时，避免过度服务对用户产生骚扰呢？

首先，服务与用户匹配。好的服务一定是"活服务"，而不是拿来主义的"死服务"。跨界学习其他行业的先进服务理念是服务升级的常见方法，可以达到出其不意的效果，但切忌生搬硬套。不同的行业，不同的用户群，需要匹配不同的服务。马斯洛需求理论阐述了人处于不同阶段的不同需求，如果企业提供的服务和目标用户群体需求无法匹配，就很有可能事与愿违。服务等级和服务接受者的匹配很重要。

其次，服务的标准化要处处考虑适度：适度的热情，适度的距离，适度的频率。

适度的热情。过度的热情是服务中常犯的错误。服务中首次接触用户如果过度热情，甚至"自来熟"，会让用户觉得假，有的用户甚至第一反应是"我们没那么熟吧"。一旦用户反感产生防御心理，我们给用户提供的就是有压迫感的用户体验，会让用户有逃走的想法。

适度的距离。美国心理学家邓肯提出的人际安全距离是 1.2 米。

在公共场合，与人交谈的距离应该保持这个数字标准，过远会显得疏离，过近会令对方感到威胁。对于服务过程来说，今天大部分用户对于隐私空间的要求都是很高的，所以我们在服务中更要注意保持服务距离。

适度的频率。不同类型的服务场景，对用户的服务和反馈频率要求不一样。如一般的客户投诉，对用户的反馈频率可以一天一次。如果用户的一个投诉，3 天没有反馈，用户会觉得被忽略和遗忘。反过来，如果问题处理没有进展，但频率过高地联系用户告知“我们还在努力跟进处理”，这种过多无效反馈会让用户焦虑。而回访调研或者对客户的主动关怀，在用户没有响应回复的情况下，不能超过 2 次。在高档餐厅里，服务人员经过用餐者餐桌的频率都是有设计和规定的，倒水的频率都是有要求的。过度频繁倒酒倒水和不合时宜地经过餐桌，会让用餐者感到压力，甚至感到被监视而不能自由聊天。

总之，一定要把握“适度”，拒绝“过度”。保险行业经过了漫长的竞争和发展，在“适度”问题上做得比较好。保险行业初期每一个保险从业人员都像“促销员”一样，逮住一点机会就反复推销，有“骚扰”的嫌疑。但今天保险行业销售进入第二阶段，就是“在用户不需要保险的时候不打扰、少打扰，而在用户需要的时候，我随时在等你”。如果你有保险需求，你会选择哪一个？是每天嘘寒问暖过度热情的，还是偶尔出现、懂得保持距离、随时准备提供服务，但没有“骚扰”的？

关于“适度”，招商银行的服务给行业做出了典范。招行的 VIP 呼叫中心服务，服务后的满意度回访都去掉了，不仅与座席沟通完不会有任何邀请用户评价打分的话术，而且挂掉电话，大部分服务项也没有短信打分要求。从这个改进上一方面可以看出招行对 VIP 客户服务的自信，另一方面说明招行的服务和用户体验部门深深地理解过度服务不是好服务。每一个多余的回访短信，都可能是对用户的打扰。最好的服务，应该是不需要去问被服务者满意度的，而是当你需要服务时，服务一直在你身边，当你不需要服务时，服务就像空气一样。

2.3 追求极致用户体验——避免产品定位不清晰

谈到用户体验，人们似乎都在追求所谓的“极致用户体验”。“极致用户体验”，顾名思义，就是把用户体验做到最好。但是这里经常会有两种误读：一种是“走火入魔”型的，即无条件地满足用户的各种需要，甚至忽略了产品最基本的质量和使用价值。不考虑自己的行业特点是否适合，认为只要用户体验好就能治百病。另一种是“冷嘲热讽”型的，极端地认为所有体验都是噱头，都是浮云，言外之意是我们做自主产品研发，做好质量把控，专注于生产制造才是根本，不需要对用户体验投入过多精力。实际上，这两种观点都是不可取的。所谓的“极致用户体验”一定要在清晰定位的前提下，可以理解为“在产品本身过硬的前提下，给用户极致的客户体验”。因此，极致用户体验需要既考虑用户体验的满足程度，又考虑体验成本的投入程度。当然，用户体验曲线与体验投入存在一定的关系，前期投入会使体验增长很快，但是随着投入的增加，体验效果的增加会趋于平缓。所以在用户体验的投入产出问题上，也存在适可而止的度的问题。

不管如何，体验并不能替代产品本身成为最大的卖点，它只是产品的附加值。产品是皮，体验是毛。皮之不存，毛将焉附？那么，为什么以前的企业不谈或者少谈用户体验？用户体验被越来越多提及实际是市场竞争升级的一个结果。最初级的竞争是“人无我有”，第二个层次的竞争是“人有我优”，第三个层次的竞争是“人优我低”（价格低）。例如，在当今的手机行业，早就过了拼产品、拼价格的阶段了，那么我们要拼什么呢？只能拼体验，不仅要拼产品体验，还要拼市场营销体验、品牌体验、服务体验，甚至生态体验。所以说，用户体验其实是一种最高层次的竞争方式。

所以，为了做好极致用户体验，我们需要克服由“极致”所带来的误区，学会准确定位产品地位和体验效果。一般来言，体验要从两个方向来思考：

一是体验关乎感性，而非理性。比如说，保时捷的 Macan 和奥迪的 Q5 其实采用的是同样的平台，简单说这两个车就是同一个人穿上了不同的衣服，但是价格相差至少一倍，什么原因呢？因为保时捷的汽车更好看，更有面子。好看，有面子，这些都是感性层面的价值。真正高额的溢价大部分都来自感性价值，这些都是感性所驱使的。所以，在用户体验打造的过程中，要学会根据不同人的心理特点，打造不同的用户体验。比如，对于资金略显紧张的用户，购买奥迪 Q5 时，重点体验车型的性价比；而对于资金充裕的用户，购买保时捷的 Macan 时，重点体验车型的外观以及后期服务保障等。

二是好的体验一定是超出预期，而不一定是“极尽奢华”。一个小的改进，一个有意识的动作，都可能创造好的体验，而不需要投入太多成本。比如说，人们坐出租车都是自己拉门上车，但是 uber、易到服务中就增加了一个“由司机给乘客拉车门”的服务，这就超出了很多乘客的常规预期。这个服务并没有增加什么成本，但是带给乘客的感受很好，是超出乘客预期的服务。再比如说，小时候我们理发就是直接理发，但现在大部分理发店在理发之前都会有服务人员给顾客洗头和按摩，行业中第一个这样做的老板也超出了顾客预期。

因此，当我们要从 0 到 1 开始打造一个产品时，不能一味追求产品的功能越多越好、性能越强越好，一味打造功能或性能上的极致品质，而是要从用户需求角度出发，弄清楚用户的实际需求是什么，我们的产品能给予用户的核心价值是什么，在此基础上再把这个价值点不断放大做强。产品和服务设计中常用的用户体验地图就是其中一个比较有效的方法：

第一，针对具体用户、具体场景进行的深度思考和总结，是对产品的某个功能或服务不断进行打磨，强化该场景、功能、服务的用户感受。

第二，从用户使用问题的角度进行梳理，从理性逻辑角度帮助设计部门发现产品机会和改进现有产品流程。

第三，直观地记录和展示用户在产品使用过程中的情绪曲线，帮助我们从用户感性的全局视角审视产品。

第四，从一个特定使用产品的用户视角出发，记录下他与产品或者服务进行接触、进入、互动的完整过程。

总之，用户群定位与产品体验设计的匹配是避免用户体验欠缺和过度体验设计的基础。体验地图的每个维度可以自己根据实际情况进行定义。通常目前市场定义的相对标准包含发展阶段、用户群需求/目标、用户行为、接触点、想法、情绪曲线、痛点、机会点等方面。在本书后面的章节，会从不同维度进行具体的分析和探讨。

第3章 用户体验的道法术器势

3.1 用户体验的逻辑分层

第1章有关用户体验的定义和有关案例帮我们对用户体验有了初步的了解，接下来要谈的是在企业管理和平台运营中，如何定义、发现、分析、管理、提升用户体验，打造企业自己的竞争壁垒。

众所周知，公司发展的不同阶段，用户体验思维的建立和植入难度差别很大。对于初创公司，做好用户体验其实不难，创始人的性格往往就是企业的性格。只要创始人重视用户体验，那么从创始人到合伙人再到基层管理，很容易自上而下地重视用户体验，这个公司本身就已经植入了用户体验基因。在这样的初创公司中，即使没有专门的人或者部门负责用户体验，用户体验也会做得很好。通常这类公司大多是技术流或者产品流类型的公司，创始团队多是追求完美的技术型或研究型人才，其中工科思维的严密逻辑本身就会让这样的团队追求产品的完美。然而，在销售型创业公司中，很容易出现野蛮生长而用户体验却处于失控状态的问题。究其原因，虽然创始团队大部分都是销售型人才，有着丰富的销售经验，但恰恰正是销售能力直接带来的利润使他们容易忽略用户体验。换句话说，进攻的矛太强了，忽略了防守的盾。这类企业野蛮生长期发展可能非常迅速，而后在高速发展后期或遇到问题时开始注重用户体验改进，这时的用户体验改进一来可能不容易掉头，即便能够调整过来也可能是一个复杂的庞大工程。

因此，本章我们来探讨用户体验的核心，即从文化、组织、流程、工具等方面如何系统地打造和提升用户体验，从而逐步建立起属于自己的用户体验壁垒。不论是初创公司，还是中大型公司，如果掌握了用户体验从上到下、由浅到深、从根源到执行的逻辑分层——道法术器势（如图 3.1 所示），就一定能防患于未然，无往而不胜。

用户体验之道：企业长青的玄牝之门。这里的“道”是灵魂，是指导思想和本质规律。遵循用户体验之道就是企业长青之道。如果把用户体验注入企业基因，那么这个企业生命力不会差，这需要在企业创立初期就有这样的初心，在企业文化中处处体现用户体验的要求。一个企业能不能成为百年老店，往往在它创立的第一天就已经基本确定了。

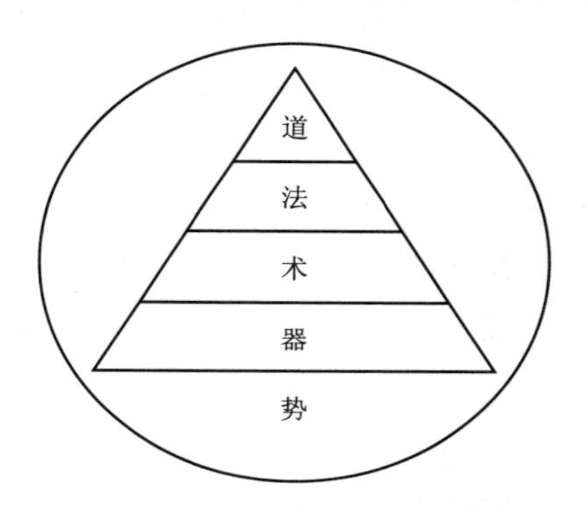

图 3.1　用户体验的道法术器势

用户体验之法：用户体验要写入公司的规章制度，即用什么样的制度保证“用户体验之道”的实施和运行。这里的“法”是方法、制度、路径或决策，是以“道”为基础制定的不可违背的原则。大的企业都会有基本法，比如《华为基本法》。在企业内部面临冲突、决策或者重大选择的时候，企业的法可以起指导和裁判作用。企业文化也是法的层面。比如 SONOS 公司的企业文化第一条：Experience First。只有把对用户体验的重视程度写入企业基本法，在用户体验与短期的成本、利润、短期利益有所冲突的时候，员工才能有依据地做出符合企业长远利益的正确选择。

用户体验之术：侧重于企业管理方法和技巧。这里的“术”是指技术层面的操作方法，说的是技能优劣、效率高低，换句话说是以“道”为原则，做出反应和选择的。主要体现在具体的用户体验问题解决之中。举例而言，我们工作中的项目管理，就是典型的运营之术。有了项目管理基本理论的指导，我们才会让事情的解决更有章法，有时间计划，有风险控制，有责任分工，有结果追溯，有问题还原，等等。那些企业管理顾问和互联网转型顾问做得最多的也是在“术”的层面帮助企业解决问题。所以，用户体验优化方法论，也属于“术”的层面。“术”可以通过经验积累或者从优秀企业学过来，为己所用。

用户体验之器：“器”即工具，是对“术”的承接。这里的“器”是指有形的物质或有形的工具，有句话叫“工欲善其事，必先利其器”。因此，有了方法和技巧，设计好流程优化方案，那么就要通过信息技术管理系统或者 App 等工具把流程固化下来。比如呼叫中心的清单管理分类、CRM（Customer Relationship Management，客户关系管理）的优化。此外，新的技术本身也是良器，如人脸识别、LBS（Location Based Service，基于位置服务），等等，都是非常好的用户体验的提升利器。

用户体验之势：势起则不可挡。这里的“势”是从“道法术器”中体现的势能，比如“军魂”“班风”之类的气场、气势、执行力。从“道法术器”自上而下地把用户体验运转起来，用户体验之势就很容易形成。这个“势”会把公司对于用户体验改进的闭环不断推动，进而形成正向的健康大循环，形成持续的自我更新迭代习惯。有了这个“势”便少有员工纠结用户体验的对与错了，因为大家都会看到用户体验的正向能力。重视用户体验就应像重视销售数据一样自然，水到渠成，无为而治。如图 3.1 所示，这里的“势”表现为一个圈，更像是太阳的光芒一样，时刻在我们的周围，我们日常时刻能感觉得到并离不开。

3.2 用户体验之道

3.2.1 无为而治——用户体验的最高境界

什么是“道”，“道”是万事万物的运行轨道或轨迹，也可以说

“道”是事物运动变化的基本规则。企业长青之道就是企业运行的底层逻辑，是从企业出生到快速成长，再到成熟强大所遵循的基本规律。

过去近10年，在互联网风口的大环境下，全民创业风起云涌。但是每一轮融资都成为企业能否继续走下去的渡劫之门。纵观全局大盘，倒在A轮融资前的企业十之八九，倒在B轮前的企业又十之八九，能过C轮的还存活的企业可能已是千里挑一了。究其根源，大多创业企业仅仅是在借风口讲故事，而没有遵循企业长青之道。很多企业只是找到风口，在风起时借力乘势出发，最终倒在黎明前。

互联网时代前期流量为王的阶段，只要把转化率提上去，GMV自然不会差。但单单靠流量不能维持长期的繁荣，企业越成长越需要找到长青之道。长青之道是什么？就是用户对产品的认可。回归商业本质就是提供好产品、好服务。互联网仅仅是一种提高效率的工具。流量为王的运营体系中，广告以前所未有的速度覆盖用户体验，实现产品成交。但如果仅专注于广告传播效率工具而不注重商业底层逻辑把产品做好，企业终究难逃被用户放弃的命运。企业不论是销售产品还是提供服务，最终承载用户期望的是用户体验。一个企业把对用户体验的追求植入企业底层代码，以此为道，就会越走越顺，无往而不胜。

有销售出身的创业者会说，我们的企业成功之道就是进攻，进攻是最好的防守，快速野蛮生长占领市场。如果处在一片蓝海市场，这类公司创立初期一定会扶摇直上，但在野蛮生长之后，竞品来袭之时，公司依然会被迫投入精力和成本来进行用户体验的优化。

做企业如治理国家，下治靠勤，中治靠德，上治靠道。用户体验的最高境界是无为而治，有的企业没有专门的用户体验部门，但是用户体验依然做得很好。无为而治不是企业管理者对用户体验改进什么都不做，而是企业基因中有用户体验时，日常的强化管理就变得没有那么重要。不会因为管理者不在导致用户体验变差。企业如果在基因中注入用户体验，企业的人、事、制度、流程无须刻意强调用户体验，人人都明白用户体验的重要性。全公司顺用户体验之势而为，用户体验也不可能做不好。这就像一个人的血液中有用户体验细胞，那么全身器官自然就会带有用户体验属性，而不需要再去花大力气把用户体验强加给每个器官。以无法为有法达到用户体验的至高境界，无为而治。

理想和现实总是有差距的，绝大多数企业经历野蛮生长之后已经无法在基因中注入用户体验，互联网时代造就了一批精通运营之术的企业，却罕见具有匠人精神的企业。大多企业在发展中后期迫于内外压力不得不重新审视用户体验。这就需要企业深入了解用户体验的“道法术器势”，自上而下地学习用户体验方法论，自我剖析用户体验问题，逐步加强用户体验运营能力。

3.2.2 终身用户——用户体验的终极目标

企业的终身用户一定是以被用户充分信任为前提的。下面的案例是发生在 e 代驾公司的真实案例。e 代驾的一个老用户，一天晚上下班开车回家，路上突发心脏病。遇到这样的情况，通常人们会怎么做？打 120 或者打电话给家人和朋友。但亲人和朋友赶到现场都需要一段时间，在这种分秒必争的危急情况下，这个用户用 e 代驾 App 直接呼叫了附近的司机师傅，正是这个司机，快速赶到现场，开车把用户送到了医院，用户得到了及时的救治，后来用户专程到公司通过运营部找到那位司机表示感谢（因为号码隐私保护，订单完成一段时间后客户就无法直接联系司机了）。正是因为客户来寻找司机表示感谢，平台才知道了整个事情的始末，最后公司给予司机表彰奖励。

在这个事件中，一方面用户危急时刻的反应让人佩服，而另一个方面也可以看出用户对 e 代驾的信任。有了这种信任，用户和平台之间一定会保持长期的关系，极有可能成为 e 代驾平台的终身用户。

做用户体验的终极目的就是让用户离不开我们，把用户变成终身用户。好的用户体验是给用户一个信任你、不离开你的理由。海尔董事局主席张瑞敏曾说，未来的企业如果不拥有平台，就被平台所拥有。那平台是怎么来的？平台的用户根基是基于信任的，而信任是建立在长期用户体验积累基础上的。在海尔工业园内可以看到大大的标语：诚信生态，共享平台。这是海尔一直努力建立基于用户信任的生态平台的中长期目标。把产品、服务的用户体验做好，取得用户信任，用户的信任会转化成口碑、复购，生态平台自然逐步形成。这个生态平台实质上就是海尔用户的私域，而这个私域具有一定的稳定性和生命力。

企业运营的理想状态是，每一个用户都是从顾客到用户再到终身用户，然后永远留在企业搭建的生态平台上。这样的生命周期轮转，用户是不会轻易离开的。如何保持这个正反馈循环？与用户保持高频交互，并且在交互中提供正向用户体验。一旦用户在这个循环体验中受到伤害，这个闭环就会断裂。那这个闭环是如何形成的？这个闭环的起点是用户的第一次接触。用户为什么选择我们，因为产品好？服务好？广告做得好或朋友的推荐？这些都有可能。这些也都是初步的用户触点。也许有的平台服务和产品没那么好，但广告做得很好，这也是一种优秀的用户视觉体验。顾客购买了产品或者服务，就成为我们的用户。而用户要想发展成忠诚用户，往往不能仅靠一次好的体验，需要持续的良好体验不断加强与用户的连接。以海尔服务为例，除了产品销售，后续的安装服务、回访、维修服务都是与用户加强连接、建立信任的过程。如果被差的用户体验伤害，用户可能会失望并果断离开。

用户在同类产品的选择中经常出现反复的情况。比如用户被 A 产品伤害了，便会转去尝试竞品 B。结果有可能发现 B 更差，又转回 A。兜兜转转最终找到一个用户体验相对好的产品成为忠诚用户，所以用户体验的优化改进永远不迟。即使用户离开，我们也要为用户的可能归来做好准备。但这样的机会往往不会有第三次，因为竞争对手也在不断改进提高，如果用户发现竞争对手比你好，可能就再也不回来了。永远谨记：挽回一个被伤害的用户需要投入获得一个新客户 7 ~ 25 倍的成本。

持续保持领先的体验，把用户留住是非常难的。因为竞争对手都虎视眈眈，各种广告运营手段层出不穷，试图挖走我们的用户。但是最后谁是胜利者，好的用户体验会牢牢地把用户黏住，提升用户忠诚度，造就一批终身用户、“铁粉”。好的用户体验，会不断造就忠诚用户和终身用户，持续给企业带来用户复购和利润。

商业的本质是获取利润，随着流量竞争的激烈，企业运营的成本构成比例变化巨大。互联网时代初期的运营成本结构中，拉新比留住老用户便宜很多。今天正好相反，相对流量价格暴涨，老用户活跃不仅有比拉新低得多的成本，更重要的是有长期的复利效应和口碑效应。所以把用户打造成终身用户，离不开用户体验的深度打造。

3.2.3 高瞻远瞩——用户体验的关键视角

企业经营中，管理者多善于从投入产出视角来看企业的日常运作。互联网公司一般都是 BI 大数据导向，从流量投放，到曝光转化，ROI 的高低就是直接的运营核心指示器。作为管理者，需要清楚地知道 ROI 分为短效的 ROI 和长效的 ROI，如图 3.2 所示。实际运行中，财务部门更喜欢直接的即时和短效 ROI，公司花了多少钱，要拿回来多少收益。而长效的 ROI 却是企业长青的关键。但问题来了，长效的 ROI 很难用直接的大数据分析呈现，这也容易成为某些企业中强势的财务部门挑战业务运营的点，业务部门很难向财务证明用户体验的钱花得值。长效 ROI 所包含的不仅限于用户留存、用户活跃、用户口碑、品牌心智打造、用户体验传播等数据，更是各个环节投入后用户体验和口碑积累的综合结果。一个企业要想立于不败之地，短效和长效 ROI 都需要重视。短效的 ROI 可以帮企业活下来，而长效 ROI 可使企业活得更好。

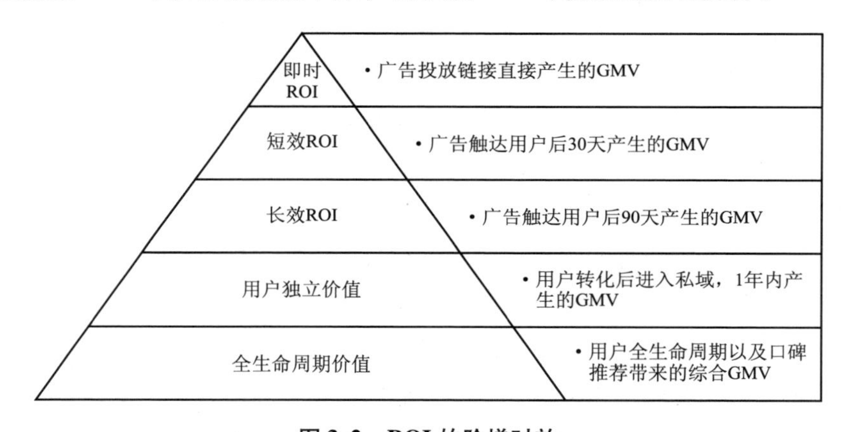

图 3.2 ROI 的阶梯时效

用户体验打造，可以从 ROI 投入产出视角来看。前面章节也讲过如何用数据来估算用户体验的价值。但要做好用户体验，ROI 投入产出视角远远不够，企业管理者和员工还需要具备多视角能力。

第一，用户视角。做好用户体验首先要站在用户的角度来审视我们的产品和服务，这也是很多企业对员工的要求。我们经常在传统企业工厂看到大标语：质量第一，客户至上。互联网公司的墙上也常挂着类似的企业价值观。但挂在墙上不等于在员工心中。当遇到用户体验和眼前的 GMV 目标冲突的时候，大部分员工还是会盯紧自己的 KPI。所以用户体验一定要写入企业文化才有可能在这种冲突出现时被重视。在产品设计、服务流程设计等环节企业都要站在目标用户视角来为用户考虑，产品上市前需要放到目标用户群中进行充分测试，这些是基础的用户视角。在实践中，有一些小技巧帮助员工站在用户视角提问。比如问员工你愿意不愿意购买这个产品？你会不会使用我们的服务？你愿意不愿意把这个产品推荐给你的朋友？如果员工的答案是否定的，那么企业应该立刻反省，这说明我们的产品和服务已经出了大问题。

第二，上帝视角。这个上帝视角不是把用户当上帝的视角，而是说要做好用户体验优化需要高屋建瓴。把企业的运作看成一条生产线，一条生产线的岗位分工是很明确的，拿组装一个电子产品来说，有“模块投放岗”“物理组装岗”“功能测试岗”“质检岗”“包装岗”，等等。从某个岗位着眼，我们只能看到这个岗位的工作和结果，如果生产线工业工程没设计规划好，可能有的岗位很忙，有的岗位却很闲。有的工站执行不到位可能影响接下来几个工站的效率，从而影响整条生产线的效率。在每个岗位内部看不到其他岗位的情况，更不可能看到和解决全局问题，相反还很容易产生互相推诿踢皮球的问题。这时候作为用户体验优化部门，就需要站在生产线上方，来观察每个岗位的协同交互问题，然后进行各岗位之间的协调和优化。实际操作中有些用户体验的问题难解决，不是因为部门内部不想解决，常常是因为这个用户体验问题并不是一个部门造成的，而是部门之间协同不足、信息不透明造成的，站在上帝视角可以很好地发现和解决这类问题。

第三，专业视角。很多企业经常犯一个错误，就是把用户满意当成好的用户体验，试图尽量满足用户的所有要求。但所有的优质服务都是有成本的，所以任何企业和平台都不可能做到没有底线地满足用户要求，不计成本地去做用户体验。这种错误的用户体验思维给公司可能造成巨大损失，甚至会出现“薅羊毛”的用户。所以要从用户体验的专业视角来进行用户体验管理。用户体验专业视角有 3 个主要任务：一是根据公司实际情况和行业平均水平制定用户体验标准，并加以追踪和衡量；二是发现差的用户体验问题，系统推进体验问题的解决；三是在满足用户基础要求的基础上创造用户体验，用有限的资源投入创造更好的用户体验。

第四，动态视角。当竞品都在打造和提升用户体验时，整个行业的用户体验的标准会不断变化。处在行业中的企业如逆水行舟，不进则退。如果企业满足于自己的用户体验现状，那么可能它正在被超越。不同的产品和服务，用户体验改进的成本差距巨大。其中硬件产品用户体验提升的时间成本巨大，比如我们前面说的共享单车的用户体验改进，需要从硬件设计开始调整优化。从生产到投放到市场上，就需要非常大的成本。但对于软件和服务来说，用户体验是可以快速学习和改进的。比如海尔售后服务早期的服务标准被同行快速模仿，互联网出行平台的标准话术、装备（手套、垫布、头盔、胸牌、工卡）等都是在不断的差异化服务竞争中互相学习和升级的。同行业拼硬件、拼软件、拼服务，最终拼的都是用户体验。竞争会推动行业用户体验的标准不断提升，用户预期不断提升。所以用户体验需要动态视角，坚持持续地改进和优化，才能在行业中保持领先。

3.2.4　健康体魄——用户体验的组织体系

用户体验是全公司的事情。如果一个公司开始重视用户体验，那么第一步要做的是自上而下地尝试将用户体验理念注入公司各组织中。这对于一个初创的新公司来说相对容易，但对于一个中大型公司或野蛮生长享受过流量红利赚快钱的甜头的公司来说，可能就没那么容易了。那么一个理想的用户体验组织体系应该是什么样子？本章我们呈现出一个理想的用户体验组织体系的框架，企业可以对照自查，向用户体验型组织的方向改进。

一个自上而下重视用户体验的公司，就像是一个健康的人体。反之，用户体验出了问题，就像身体得了病。下面通过类比的方法来呈现一个健康的人体和一个优秀的用户体验型组织有什么样的共同特征。

第一，清醒的大脑：公司的CEO或者创始人。企业的创始人如果很重视用户体验，会在企业发展早期就关注用户体验的管理，比如建立专门的用户体验团队。这都是好的开始，但远远不够。做好用户体验首先从创始人的坚定立场开始。对于用户体验问题引起的部门之间的矛盾，创始人需要清晰明确地表明立场。在实际运营中，用户体验和销售运营之间出现冲突的时候，创始人有时候会犹豫，因为GMV业绩对企业活下来、估值融资都很重要。很多创始人口头上强调用户体验的重要性，但遇到短期GMV和用户体验发生冲突时候，依然会偏向先保业绩，从而种下问题的种子，后患无穷。正因为用户体验需要自上而下推进才更容易落地，所以大多用户体验部门都独立运作，像独立团一样直接汇报给CEO。这样才能让“大脑”在第一时间了解真实的用户体验情况，并推动用户体验问题的解决。如果创始人不清晰表态，就像一个人有颗糊涂的大脑，这个人不会是健康的。用户体验对于该公司来说也只能是空中楼阁。

第二，润物细无声的血液：人力行政部门。公司如何对待员工，员工就会如何对待客户。看一个公司是否注重用户体验，最简单的方式是看这个公司的人力行政部门的表现。人力行政部门首先是企业文化的践行者。前台行政彬彬有礼，面试时HR对候选人尊重有加，这个公司输出的用户体验一般不会差。人力行政大致分两种，一种是服务型的，全心全意为每一个员工服务，创造良好的公司环境和氛围，为员工提供良好的工作体验，助力业务，大多数欧美企业的人力行政在这方面做得都很好。另一种是控制型的，抓住机会去刷存在感，员工怨声载道。服务型的人力行政是谦和的、温暖的、服务的，就像健康的血液，把企业文化带给每个组织，滋润全身的器官，用户体验的文化被传递到公司每个部门。而如果血液不健康，那么流到身体的哪个组织，就会把不健康的风气和文化带给哪个组织，最终提供给用户的也必定是差的体验。所以一个健康的用户体验型组织，首先从人力行政开始。

第三，敏锐的眼耳鼻和触觉：客服中心和舆情监测部门。我们如何了解用户的反馈？大一些的企业会请专业团队去做市场调研，但这种调研的效果往往容易打折扣，结果往往并不十分理想。最简单的方式是注重每一个用户接触点的信息感知。用户的咨询、抱怨、投诉等信息都会传递到服务中心。初级的售后服务向用户道歉，中级的售后服务帮助用户解决问题，高级的售后服务解决问题后还要分析问题和推进系统化解决。客服中心直接面对用户，对外代表公司，对内代表用户诉求。客服中心一定要像敏锐的眼睛、耳朵、鼻子一样感知用户的反馈，从而准确收集信息、积极响应，快速通过神经系统反馈给大脑。因此要求对每一个用户的问题都真诚相待，时刻警惕，认真处理。此外，有的企业会设立舆情监测部门，除了用户投诉，用户会在社交媒体吐槽、抱怨甚至曝光企业产品和服务，舆情监测部门会收集这些声音，放大好的反馈，跟进解决用户吐槽和投诉。

第四，淋巴系统：用户体验部门。人体的淋巴系统具有排毒功能，一个公司的用户体验部门与人体中的淋巴系统的作用类似。淋巴系统在人体的作用包括：第一，吞噬作用，即发现和吞噬病菌。用户体验部门要从用户声音、从公司内部发现各种影响用户体验的问题，并且提供解决方案和实施行动。第二，屏障作用，即将外界的病菌和抗原异物等阻拦住，不让它进入人体的深处。用户体验部门肩负着建立用户体验的基础规则、处理机制的职责，避免发现用户体验问题后得不到及时处理而影响用户口碑。第三，参与人体的造血功能，即制造淋巴细胞。用户体验部门除了解决问题，还需要使用专业的用户体验经验和知识，赋能于人力行政，努力把用户体验融入企业血液之中，输送到企业的各个组织。

重视体验的创始人，传递体验文化的人力行政部门，收集用户问题的客服中心，推进体验问题解决和体验改进的用户体验部门，这 4 个重要的部门组成了用户体验的组织体系。就像一个人有了清醒的大脑，有了健康的营养滋润组织的血液，有了敏锐的眼、耳、鼻、神经系统，又有了及时排毒生血的淋巴系统，最后加上市场销售运营部门这些灵活有力的四肢，这样的人体定能健康生长，这样的企业才可能长青。

3.3 用户体验之法

3.3.1 金钱投入与用户体验的转换——社会规范和市场规范

金钱是否可以买来用户体验？很多人会回答“可以”。因为可以给用户折扣，给用户送礼物，给用户发购物券等，这是不是就可以说买来好的用户体验了呢？答案是否定的。打折促销买来的是用户，并不是用户体验。用户的口碑和忠诚需要长期维持，并非用金钱可以直接买来的。

下面分享一个公司经常发生的案例。假如企业为每位员工拿出 100 元预算作为生日福利，是发给员工 100 元红包好，还是发给员工 100 元礼物好？如果直接询问员工意见，大部分员工会选择拿 100 元红包，因为直接实惠。但是，如果这 100 元预算是为了提升员工体验归属感，发放现金一定是福利方案的最差选择。由此可见，用户体验是一个很奇怪的东西，大部分时间无法直接用钱来衡量。所以运营中我们常强调绝不要试图用钱去购买用户体验，这背后的逻辑是什么？我们可以从本章中找到答案。

首先，从用户体验的社会规范属性谈起。丹·艾瑞里所著的《怪诞行为学》一书主要研究行为经济学，书中提到社会规范和市场规范问题，可以很好地解开我们有关用户体验和金钱投入之间关系的困惑。传统经济学是研究等价值交换的，假定人们在交易中都是理性的，每个人都是利益最大化的判断者，如果不受干预，其行为目标是使自己眼前的利益最大化。而行为经济学则认为，在经济活动实践中的理性人不单纯是经济人，而且是具有社会性、组织性、伦理性的社会人和组织人。人类社会化的行为恰恰受到复杂的社会关系的制约，从而导致人的行为选择并非都是建立在纯理性思考的基础上。而用户体验大多是建立在这样的非纯理性的基础上。在用户认定和选择品牌时，只是在考虑功能和价格的关系吗，还是也会考虑别的因素？用户经常愿意多花一些钱，买一个体验更好一些的商品，就是行为经济学在发挥作用。实际上行为经济学还可以更进一步，去深入研究影响人们决策的技巧和方法，我们在此不再赘述。

下面引用《怪诞行为学》中的一个例子。一次感恩节家庭聚会，岳母准备了丰盛的晚餐，吃完后如果你诚恳地问，今天的晚餐300美金够吗，还是需要400美金？并且，最后你支付了岳母晚餐的费用，其结果可能是次年的感恩节要自己守着电视吃冷饭菜了。如果严格按照市场标准，这顿饭的价值是相对明晰的，但是为什么付款会让参加聚会的人如此扫兴？答案是我们生活在两个不同世界，一个世界由社会规范所主导，另一个则由市场规范来制定法则。社会规范包括人们之间的友好请求，比如，帮别人搬一下家具、换一下轮胎等。所以，社会规范暗藏我们的社会本性和人们的共同需要，一般是友好的、界限不明的、不要求立即回报的、基于长期交互和信任基础上的，这一点与用户体验的打造有异曲同工之妙。今天你帮助了别人，别人不一定要立刻帮助你，但是已经建立了一个互相需要的关系。如果邻居帮你搬家具，你直接问邻居要多少钱，这个事情就走入了另外一个方面——市场规范。在市场规范里基本不考虑友情、关系，金钱和付出的价值是界限清楚的，如需要支付的工资、价格、租金、利息等。当然，这种关系属性未必是邪恶与鄙俗的，其中也可能包含了资历、创新等，但其中的确包含了利益即时偿付。

社会规范与市场规范之间是可以相互转换的。如果两个人约会，吃饭、看电影，约会的过程很美好，这些在没有提及金钱之前都是社会规范范畴的。如果两个人最后计算约会的开销，决定平均分配当天的花销，那么双方立刻就被拉入市场属性，最终可能导致双方都开始计算吃饭、看电影、个人时间花费的价值，这有时会让约会变得糟糕透顶，甚至有时很难再发展下去。

还有一个社会规范应用的典型案例。美国退休人员组织询问一些律师，他们是否愿意有偿帮助退休人员，大约一小时30美金，律师们基本给予否定。于是，该组织想出了一个点子，他们问律师是否愿意作为公益行为帮助退休工人，结果同意的律师竟然占压倒性的多数。为什么公益免费劳动比30美元更有吸引力？因为提到了钱，律师自动使用市场规范，认为报酬与他们的实际劳动付出差距太大，因为相对他们的标准服务费报酬太少。但是，当提供公益服务时，这里用的是社会规范，所以他们愿意贡献时间。进一步探讨，为什么律师不把自己假想为拿了30美元的义工呢？因为两者是相排斥的，一旦进入市场规范，社会规范在心理上就被丢弃了。

上面的几个案例都提到了社会规范和市场规范。用户体验的设计优化中，我们会发现，大多用户体验都是属于社会属性范畴，所以用户体验不能用金钱来衡量和买到。

如果我们问用户，多少钱可以买来口碑和认可？降价多少你会觉得我们产品用户体验好？结果会是什么？一旦用户被这个问题拉入市场规范，用户便会根据自己的时间价值、个人经历、已知品牌价格等经验来对服务和产品的体验进行定价。所以假如想只用金钱投入来满足用户体验需求，可能难如登天，很可能资金投入很大、效果却相反。如果我们在打造用户体验的时候，想方设法把用户留在社会规范范围内，那么就很容易取得四两拨千斤的效果。所以，用心比用钱更容易提升用户体验。

有了这个理论基础的支撑，企业应该如何对待用户？是把用户看成上帝，或是尊贵的嘉宾，还是普通人？都不是。根据丹·艾瑞里的研究，最好的社会范畴是我们要把用户看成朋友和家人。在这个相处的前提下，用户和企业的交互就很容易进入社会规范范畴，从而淡化市场规范下的金钱概念。如果用户对于我们品牌和平台的认可、感知都是像朋友和亲人，那么信任很容易建立起来，好的用户体验让人如沐春风，有宾至如归之感。

如果我们通过市场活动给用户送小礼物，即使礼物不贵重，用户也会很开心，因为这是社会范畴。但是试想，如果我们把送给用户的礼物上都打上价钱，或告诉用户这个礼物的价格，用户的感知会是怎样的呢？可能立刻就会开始衡量：我的时间与我所得到的礼物是否匹配？一旦用户转换思维，进入市场规范，这个事情产生的用户体验的结果不言而喻。

同样，我们必须清晰地意识到，对于员工或用户而言，所有的工具都要适度。当然，有时候又不能过度强调社会规范忽略市场规范，两者之间的度也需要合理把握，避免过犹不及的现象发生。比如企业的产品或服务出现一点瑕疵，如果过度强调社会属性，用户会感觉企业作为家人怎么能这么对待我、伤害我？感觉企业作为家人辜负了自己的信任。这时往往企业又要尽量切回市场属性，衡量用户损失并提供补偿，比如可以通过发放代金券或者提供余额补偿来解决问题。

综上，如果试图用较低成本打造良好的用户体验，就要在产品和服务的用户体验设计上下功夫，需要更多地把用户拉入社会规范范畴，并且思考和植入更多社会属性的创新，减少和弱化市场属性。

3.3.2 用户体验法则——企业如何对待员工，员工就如何对待客户

任何时候，企业提供的用户体验会很自然地传染到员工身上。一个快速成长的食品品牌公司，它的供应链管理非常优秀，产品性价比很高，产品的包装和品牌形象体验都很好，其经历野蛮生长期之后，增长有所放缓。然后，创始人就开始寻找原因。当团队和公司员工进行深入沟通后，发现公司的用户体验运营存在严重隐患，这个隐患来自员工体验，并且正向用户侧延伸。因为是销售型公司，在渠道管理上很有经验，线上线下的渠道网络建设得很好，所以销售增速迅猛。在深入访谈中，发现这个公司大部分员工都认为公司管理混乱、不尊重员工，导致员工离职率很高。用户体验的打造，需要员工的主人翁意识、创造力。试想在这样一个不善待员工的企业中，员工如何会有归属感？归属感不仅是靠工资，这家公司拿到很多融资，员工工资并不低，但由于员工对公司缺少归属感和被尊重的感觉，导致公司的用户体验也缺少了灵魂，企业不尊重员工，员工难以发自内心地尊重用户。因为企业如何对待自己的员工，员工就会如何对待用户。

员工体验是企业做好用户体验的第一步，因此可以认为员工是一个公司最重要的用户。如果一个公司连自己员工的用户体验都做不好，那这个公司不可能把对客户的用户体验做好。如果员工都没有体验过被尊重的感觉，他们又如何懂得去尊重客户？好的用户体验，从企业善待和

尊重员工开始。

马斯洛关于人的需求层级理论指出，人的需求从低到高依次分为生理需求、安全需求、社交需求、尊重需求，直到自我实现。从人力资源管理角度来说，公司也需要从低到高地满足员工需求，但层级越往上就越难满足。公司用薪水可以很容易满足员工的生理需求和安全需求。但是如果只满足员工的这些需求，那么员工也会效仿去只满足用户的基础需求。如果企业能够让员工处处感受到被尊重，员工自然而然地也会把尊重传递给用户，这个传递在企业打造用户体验过程中至关重要。在提供服务型产品的企业中尤为明显，越是尊重员工的企业，员工越容易把尊重传递给用户。海底捞公司在对待自己的员工方面，从基础的生理和安全需求，最后到自我价值实现都有很周全的设计和方案。一方面，海底捞员工工资普遍高于同行业，另一方面公司尊重鼓励员工创新，帮助员工实现自我价值，工作中给予员工足够的支持和尊重，每一个员工都可以获得平等的提升机会和晋升空间。海底捞的员工在工作中像对待朋友、家人一样对待用户，并且这份尊重是源自内心的。海底捞的案例充分体现了用户体验从员工体验到对外用户体验的传递。

众所周知，以 Google、Apple、Amazon 为代表的科技公司给员工提供了非常放松和舒适的办公环境。有的公司员工可以带自己的宠物上班。因为这些企业认为宽松舒适的办公环境更容易激发员工创造力，从而给公司带来更大价值。从用户体验角度分析，这类公司给员工提供的不仅是舒适的环境，还有对员工的尊重和信任。有了这个基础，员工才可能把尊重传递到产品中和对客户的服务中，创造超预期的用户体验。

在中国公司中经常出现相反的案例。HR 部门常常因为缺少服务意识和对员工的尊重，导致在公司发展中形成负面的影响。有的公司中 HR 部门甚至变成了最官僚的部门，为了刷存在感，处处设置阻碍，员工敢怒不敢言。在不被公司信任、不被公司尊重的氛围中，员工怎么可能设计出好产品、怎么可能传递高质量的服务？HR 是公司文化的践行者，也是公司用户体验的源头。企业发展不同时期员工管理逃不过这三种：第一种是用人管人，第二种是用制度管人，第三种是用文化激发人。通常初创公司靠创始人的人格魅力吸引人，发展到一定阶段就是靠制度管理员工，而更大的公司靠制度缺乏灵活性，就会依赖企业文化。不管处在什么阶段，都需要尊重和善待员工。公司只有把员工服务好，满足员工马斯洛理论的几层需求，他们才可能把自己受到的尊重和关怀传递给用户。

工资是短期的激励，企业只拿工资去激励员工很难起到长期激励作用。经验丰富的创始人一般会给员工一艘船和一个目标岛屿，带着大家踏上寻找人生意义之旅，因为他们深谙“未来是今天的一种救赎”之道。成功的 CEO 往往是公司最大的 HR。我们把这段话延伸到用户体验，用户有很多船可以选择，如何让用户坚定地在企业这艘船上不离开？那就需要水手和船长有着坚定一致的方向，为乘客提供优秀的用户体验。

3.3.3 避免用户体验事故——打败你的不是远处的高山，而是鞋里的一粒沙

在竞争激烈的红海市场中，用户可能会因为一个好的用户体验选择你，也会因为一个差的体验离开你。如果说前者是我们在红海中争得一席之地的法宝，那后者就是用户流失的毒药。在用户体验管理中，首先要减少差的用户体验，然后再创造好的体验。本章我们从一款“京东京造”洗发水用户体验事故说起。

近期京东在持续加强供应链能力，打造“京东京造”这个品牌。下文中的男士洗发水就是“京东京造”的一员。用户对洗发水的直接需求是什么？男性用户的答案通常是洗得干净，气味好，清爽控油，对头发提供呵护，等等。但洗发水市场属于快消品的深度红海。新品牌打造难度之大可想而知。近年来的新品牌都绞尽脑汁标新立异建立更加细分的用户心智，像“无硅油”“专洗头皮的洗发水”，然后用铺天盖地的广告增加用户影响力。相比之下，已经拥有海量用户的京东打造新品牌就相对容易，在外观设计很酷的视觉体验下，不少用户愿意去尝试。我也是用户之一。但在使用过程中我却发现了一个严重的用户体验事故，这个事故足以让用户抛弃这款洗发水。

先说基础体验，洗发水瓶子有设计感，质感不错，气味也很好，有点阿迪达斯运动洗发水的感觉。但问题在于其瓶身为了追求质感，塑料瓶壁偏厚偏硬，一旦冬天室内温度较低时，瓶身就变得更硬，结果挤洗发水时需要花费很大的力气。手上有沐浴露时更是难以挤出来，真是很糟糕的体验。在这个时间每次进入浴室，都会首先想到糟糕的体验，并且告诉自己绝不会再买。这款产品应该用户首购还是不错的，但复购会较差，真的是一个小用户体验事故葬送了一款好产品。如果京东能够在产品测试和用户试用环节发现这个问题，提前预测到用户使用过程中的体验问题，应该可以避免这个用户体验事故的发生。

设计一款产品，设计师们都会重点关注产品的核心功能，却容易忽略辅助功能。辅助功能从成本控制和竞争力打造来说的确无须过度投入。但要想打造良好的用户体验，产品的辅助功能和辅助模块至少要做到60分，否则它就可能成为鞋子里的一粒沙子——被忽略的小细节毁了一个新品牌。如何能系统地减少用户体验事故呢？可以从以下几个点来加强：

第一，注重细节。京东京造洗发水的设计者一定很喜欢自己的产品，外观好、味道好、效果好，但没有料到这款产品最终输在瓶子的硬度上，设计师可能还在为自己精心设计的有质感的瓶身骄傲。越是竞争激烈的产品，用户体验越要谨小慎微，一个细节都不能放过，一个小用户体验可能会导致全盘皆输。

第二，产品研发在加强长板的同时，要关注短板。产品主功能是长板，但是不能忽略辅助模块和功能。设计师和产品经理们往往喜欢专注于产品独特和出众的设计点，因为它们使产品更有竞争力。但容易忽略和竞品趋同的部分。设计长板让用户做出选择，但基础体验给用户带来低于平均值的体验，同样会导致用户离开。

第三，关注全流程用户接触点。不管是产品还是服务，需要考虑用户生命周期中可能接触的所有节点。标记归类这些节点，有针对性地对节点进行检查，避免用户体验事故的发生。系统化的触点管理，是做好用户体验的基础方法论。

第四，发现并规避用户使用中可能的差体验。产品测试时需要遍历所有的情况。这就像代码测试工作，不仅要测试产品功能，还要测试不同的情况下可能出现的问题，穷举各种可能出现差体验的场景，并加以规避。这不仅可以减少用户体验事故，还可以制造差异化惊喜。例如，人们网上购物收到包裹后，差的体验是什么？当然是拆包裹很费劲。三只松鼠在创立初期就赠送开包裹神器来解决用户困扰，还提供了果皮袋、开壳器等小工具来提供差异化体验，赢得了用户的认可。

第五，预测用户问题并采取行动。这个方法在服务中用得比较多，也称为主动关怀。不要等到用户不满和投诉的时候才去道歉，而是在服务过程中监测数据发现问题并进行主动服务。比如电商平台的物流慢于用户预期，平台通过短信通知进行解释。用户的打车价格出现偏差，进行主动提醒和邀请用户确认。发现小批量用户投诉从而进行同类问题用户的主动外呼服务，等等。大数据 BI 团队可以监控到这些问题数据，这样的问题预测和主动服务不仅可以有效减少用户体验事故，也可以提供差异化的服务体验。

第六，对产品的充分测试。不论是传统产品，还是全新概念的产品，都要经过充分的测试，如内部测试、外部测试、用户测试、公开测试，等等。有的产品还要针对不同时间（如夏天、冬天）、不同人群进行测试。不要盲信实验室测试，因为只有真正进入真实用户场景的测试才是最有效的。京东京造的洗发水就是个很好的例子，如果多给一些员工和家属试用，进行实景测试，就很有可能发现并避免这个用户体验事故。

做好用户体验，不要让一粒沙子破坏了我们征服高山的旅程。

3.3.4 用户体验的运营核心——用户接触点管理

用户体验是用户使用产品或者接受服务过程中的感受。做好用户体验运营要从每一个用户可以接触到的产品和服务的点来进行有针对性的跟踪和分析。

在零售柜台购买产品的时候，相比一个冷冰冰的店员，一个让用户如沐春风的店员的成交可能性是不是更大呢？答案不言而喻。类似的用户与产品、用户与平台、用户与企业员工的接触点在用户全生命周期中有很多。不同的行业，不同的产品服务，用户接触点不同。做好用户体验运营的第一步，就是把产品或服务的用户全生命周期中与用户的所有接触点都进行识别、监控和分析，针对每个接触点的用户体验问题，定义规定动作和改进方案。

再举个用户接触点的案例——互联网出行服务，以常见的滴滴为例，都包括哪些用户接触点？从用户看到广告，下载 App，注册登录 App，第一次叫车，App 显示接单时间、到达出发点的时间，定位准确性，车的外观和内部整洁程度、气味，司机的着装、礼仪、态度、行驶中的驾车习惯、路线选择、行车过程的标准话术、到达目的地后的告别语，支付的方便性，未及时支付的提醒，弹出消息的频繁程度，遇到纠纷或者疑问时客服中心的处理态度，评价和投诉的方便性，处理的及时性，等等，全部是用户接触点。滴滴这个相对简单的出行服务，从表面看就有这么多的用户接触点。而以上每个接触点都可以细分成更加细致的接触点。有些接触点可能不是全局的，是针对部分用户和子流程的，如发票开具、物品寻回、VIP 特殊流程等。而对于有硬件产品的行业，如家电行业，可能涉及的接触点更加复杂，除了前面说的这些接触点，还会有售后服务，如安装预约、上门安装、调试、维修、保修期、收费等复杂的用户接触点。

用户接触点不仅限于员工和用户的直接接触点，还包含用户与公司、平台、品牌、App、服务有关联的节点等。根据用户体验的分层机制，用户接触点同样是有层级的。广告、新媒体、UI 界面这些接触点是第一层级的用户视觉体验；App 交互、呼叫中心交互、上门安装维修的交互是第二层级的用户体验；第三层级的接触点是与情感体验相关的接触点，即如何精细地运营好用户的信任和口碑以产生更大的品牌力量。这些接触点由浅入深环环相扣，任何一个接触点出现问题，都可能成为用户体验的减分项。

全流程用户体验有如此多的接触点，如何去有效管理？是否需要把 100% 的接触点管理都做到极致？如何减少这些接触点的差的用户体验？没有企业可以做到 100 分的用户体验，一个不漏地优化全流程用户接触点可能需要投入巨大成本。如何用较低成本取得较好的效果？答案是把用户接触点进行分类管理和优化。业务全流程的用户接触点大致可以分为三大类：

第一类是通用的用户接触点或者称为常规用户接触点，指的是行业比较通用的用户接触点。这些接触点相对规范通用，很少犯错，但也很难出彩，行业中竞品有统一的标准做法，用户对这些接触点也有习惯性的预期。这些接触点如果想要提升可能需要较大投入，所以保持现状做到行业平均线以上即可。举个例子——家电上门维修时效，大部分品牌约定俗成一般都是上午预约维修，下午上门，下午预约维修，次日上午上门。用户大多也会有时间预期。这类接触点如果我们想做到超用户预期的体验，比如1小时内上门，虽然可以给用户带来超预期的体验，但企业可能投入的运营成本会高很多。

第二类是问题接触点，即流程中容易给用户造成不好体验的接触点，这些接触点是非常容易造成负面口碑的，一定要优先处理。最简单的切入点就是客服中心的用户投诉。投诉率最高的问题，往往都是出在问题接触点。这些接触点多是用户无法忍受和产生负口碑的点。比如出行行业的绕路、多收费、车辆不整洁、司机坏的驾驶习惯等都属于经常被投诉的问题接触点，需要重点监控优化。所以滴滴在产品中设置了对绕路行为的主动关怀，发现未按照预定路线行进，会主动提醒用户是否绕路等。这都是对问题接触点的强化管理。

第三类是加分接触点。在这些接触点上，稍微加强很容易给用户体验加分。甚至可以用较低的投入换来超出用户预期的体验。这些加分接触点的开发需要专业的团队进行用户体验设计改进。有时在这些节点做一点小改进，就可以解决困扰用户的难题。三只松鼠通过对用户接触点的分析设计就把部分用户接触点做成了加分的点。比如开快递包裹的小工具，成本可能就只有几角钱，还有防止坚果受潮的封口器、方便收集的果壳袋，等等，这些都是用很低的成本打造用户接触点的加分项。

按照以上分类梳理出全流程用户体验的接触点，接下来就可以针对三类接触点执行不同的优化策略：常规接触点体验标准化不能减分，问题接触点体验跟踪持续优化，加分接触点打造用户体验差异化。

常规接触点标准化。很多连锁企业在这方面做得非常好，对常规用户接触点制定标准要求、统一形象、标准动作、标准话术。比如连锁机构的标准装修、统一包装、店铺员工形象、迎接和送客时问候语的标准化，在达到行业标准的同时，给用户更加专业的视觉和交互体验。把常规接触点标准化做到位是用户体验运营的基本目标。

问题接触点体验持续跟踪优化。该项是保证企业不落后于竞品、减少负面口碑的重要工作。在很多企业里，客服中心承担着投诉处理的工作，但实际上很多投诉都不是针对客服中心的，而是针对其他部门的。用户体验管理的角色这时候就可以发挥作用，定义和分析投诉类型、原因和责任主体，追责相关部门，推动该用户接触点的体验改进并进行长期趋势追踪，进而用这样的分析持续优化用户问题接触点。

加分接触点。对于一个新品牌来说突破尤为重要，要在市场中取胜，竞争中要实现产品差异化和服务差异化。把一些常规接触点变成加分接触点，甚至把问题接触点变成加分接触点，就会打造出差异化用户体验，给产品和服务加分。很多用户接触点的优化并不一定需要太高的成本投入，需要的可能是企业多一点用心和专业的用户体验团队。

任何一个行业都可以从接触点管理开始打造用户体验。比如，在杭州外卖中也有很多差异化用户体验打造的成功案例。到了夏季，麻辣小龙虾的竞争异常激烈，如何能够在众多的小龙虾商家中脱颖而出？解决用户体验的接触点问题是其中一个很好的方法。同样做美团外卖，有的小龙虾商家把包装做到极致。外卖配送中漏汤、一次性手套容易破、吃的时候容易溅得到处是汤汁等，都是用户接触点。有的连锁店针对这些问题一一做了应对处理，不仅把内外包装做得结实不漏汤，而且还提供了结实的手套、一次性桌布、垃圾分类收纳、一次性围裙……解决了前面提到的用户接触点的诸多问题。虽说成本投入高了，但是用户复购率明显高于普通商家，因此用户体验投入的成本很容易赚回来，更重要的是它在用户群中建立了差异化的品牌心智。

任何企业只要有用户，就一定有用户接触点，关注和梳理用户接触点，就开始了用户体验改进的第一步。

3.3.5　用户体验人才画像——宽度和深度

做好用户体验，需要两种人才：一种是匠人，另一种是持续改进者。前者是用户体验大厦的奠基者，后者是这座大厦的修葺者。匠人是稀缺的，就像乔布斯这类匠人天才可遇不可求。很多能创造出惊艳产品的公司，往往创始人本身就是匠人。而在更多的情况下，一个公司要做好用户体验，需要打造一支专业的用户体验运营团队。那么企业应该寻找什么样的人才来组建这支团队呢？

首先，应该从用户体验运营团队的使命和目标说起。用户体验运营团队使命是为公司打造用户体验的竞争壁垒。其核心目标任务是发现产品生命周期和用户生命周期中影响用户体验的问题，分析和寻找解决方案，推进全流程改进，并监测用户体验的改进结果。所以与市场、运营、销售等部门的对员工的专才要求不同，用户体验运营团队首先要有知识宽度，要了解企业运作中全流程的状况，知道其中的流程和运作机制。只有有了知识宽度，才能够监测到跨部门流程中的流畅性问题。同时用户体验运营团队又需要具备知识深度，退一步说至少在某一个业务领域要有深度。因为如果要从深层次推动流程改进，必须有像咨询顾问一样的经验和说服力，能够指出业务痛点并提出有效的解决方案，才能够使人信服并接受改变。在企业运营中，发现用户体验的问题并不难，难的是想出解决问题的方法。这往往需要丰富的经验和跨行业知识储备。在用户体验变革中，还有一个更难的工作，就是要说服那些已经习惯了固有流程的管理者和员工转变观念、跳出舒适区，让他们接受新流程、新技术，才能一起推动用户体验的改进。

除了上面谈到的知识的宽度和深度，用户体验运营团队还需要什么样的人才和素质？下面给出一些建议，企业可以依据以下建议有针对性地寻找人才搭建用户体验运营团队。

（1）服务意识。阿里首席客户官吴敏芝说过，让客户惊喜是所有阿里人的 KPI。因为用户惊喜是很棒的用户体验。这个客户的惊喜不仅包括买家还有众多的商家，阿里生态的参与者都是阿里的客户，所以服务意识是做好用户体验的基本素质。服务团队是直接接触客户的，深刻了解客户的期望和需求，这是用户体验的起点。客服中心是公司的眼睛、耳朵，接触最多的是用户咨询和投诉。他们对用户的需求和抱怨都有长期的积累。一个公司的客服团队往往最清楚用户想要什么，用户的困扰是什么。其实传统企业中，呼叫中心除了向用户道歉，也时常感到无能为力。因为很多时候即使想帮助用户解决问题，但由于不在自己的权限范围，只能转告相关部门，最后的结果常常是被业务部门忽视而不了了之。所以一些重视用户反馈和体验的公司会给客服中心充分授权，推动系统性问题的解决。这也是专业用户体验运营团队的雏形。客服中心不仅要服务用户，让用户满意，还要针对用户的共性问题，从根源上反馈和追究。没有用户服务意识是不可能做好用户体验的。

（2）大局观和全局观。用户体验问题，有可能来自某个用户接触点或某个部门内部。这类体验问题容易发现，也容易解决。而比较难解决的用户体验问题常来自跨部门之间的协调，或者处于“三不管”地带。这时候就需要用户体验运营团队有对全局业务的了解，从上帝视角来查看业务的全流程。如果说具有服务意识者可以从服务团队中寻找候选人，那么具有全局观的人就很难寻找了。企业可以从市场上寻找在多个不同的职能部门做过的人才，也可以在公司内部培养。例如有的公司内部有岗位轮换制度就可以解决这类问题。用户体验运营部门的员工需要有在多个岗位工作的经历，了解跨部门协调导致的用户体验痛点，发现并解决那些在企业运作过程中的“三不管”问题。

（3）深度洞察力。用户体验洞察力要善于透过问题的现象看本质。比如家电行业用户投诉维修工程师乱收费，有的公司上去就是处罚工程师，但事实上却冤枉了工程师，调研发现背后的原因是因为信息的不透明造成的。有个案例中一个空调维修的工程师按照标准配件费、手续费等收取用户 120 元。用户觉得贵，于是打电话给呼叫咨询中心价格。呼叫中心座席在不了解现场情况的情况下，照本宣科查询报价表后告诉用户应该是 100 元，结果用户直接投诉工程师乱收费。这就是典型的信息不同步造成的体验问题。这类问题的优化方式就要从流程上保证信息及时同步。工程师维修现场报价后，在移动 App 上录入工时、配件等价格，价格直接同步给呼叫中心。这时用户不放心给呼叫中心打电话时，座席提供的信息与工程师的信息完全一致，使同类用户投诉大大减少。如果没有透过现象看本质的洞察力，不仅公司要补贴给用户 20 元，还会打击维修工程师的积极性，也给用户造成乱收费的印象，从而造成三输的结果。用户体验运营部门要有透过现象看本质、深度分析问题的能力。用户体验问题是哪个部门的责任？是哪个流程造成的？比如对出行平台的用户投诉，司机往往都喊冤枉。那么，到底是用户恶意投诉，还是真实投诉？这个也需要针对服务过程、录音、司机的历史行为和用户的历史投诉行为来进行分析和综合评估，而不能简单地归责于司机。

（4）顾问能力和推动力。全流程用户体验的改善，往往需要做很多的变革工作。变革要打破原来的流程，打破原有的习惯性思维，甚至打破原来的利益链。所以推进变革往往非常难。一个优秀的用户体验运营团队，绝不是专门挑毛病的监工角色，而应是一个好的顾问。监工发现问题，指责别人，很容易制造内部的矛盾，引发改革中的抵触情绪。而一个好的用户体验运营团队是顾问角色，可以站在更高的维度来分析问题，找到问题的根源和解决方案，用专业的解决方案说服当事人，推进变革的落地。好的用户体验运营团队，都有着不顾一切地追求用户体验目标改进的特质。

（5）担当和灰度决策能力。企业运行实践中，往往会出现质量与生产部门、服务与销售部门相互推诿职责等问题。为什么？因为大家在部门内部的任务目标不一致，生产部门赶进度，质量部门发现问题就要停生产线，销售卖产品过度承诺，服务就要去道歉，似乎永远是针尖对麦芒。用户体验运营就需要相对平衡，识别灰度地带。质量并不是非黑即白的，用户不合理的需求同样会有很多。我们如何才能把控这个度？首先是需要责任与担当。很多时候，当我们的产品有轻微问题时，能不能放行？必须清楚哪些问题对用户影响微乎其微，更要清楚哪些问题是致命的、绝不能妥协的。既要保证眼前的生意，又要帮助公司保住口碑，靠的就是对用户的认知，对业务的认知，对自己判定的自信，当然还有敢于承担和灰度决策的勇气。

（6）项目管理能力。很多难以解决的用户体验问题是跨部门的问题。如跨境电商管理用户物流节点信息，物流时间预测的准确性，需要在不同环节进行信息提取和优化。其中优化工作就存在物流、仓储、关务、技术多个部门共同交互的问题。这些问题的解决都需要强大的跨部门协调能力。所以用户体验运营团队需要有很强的项目管理能力，能够把中大型用户体验的问题解决规划成一个用户体验项目，设定项目目标，拆分项目子任务、主责任人、子任务责任人及目标等，然后把各个子任务逐个击破，并重新拼合起来。解决大型用户体验问题时，成立项目组，协调沟通、问题分析、解决方案讨论、任务的拆分、时间跟踪、风险管理等这些环节都是用户体验运营团队需要具备的项目管理能力。

（7）灵活的问题解决能力。不是所有的用户体验问题都能够找到解决方案，即使有解决方案，也可能成本很高。所以用户体验运营部门都需要有很强的问题解决能力。例如，著名的解决肥皂包装流水线有空盒子的问题，专家们纷纷研究传感器、机械手臂来识别和挑选出空肥皂盒的时候，一个老员工把电风扇放在生产线旁边将空盒子吹走，一下子解决了问题，这样做成本就降低了很多。这些能力不是与生俱来的，所以我们要寻找具有这样解决问题能力的人才。去哪里找到这样的人呢？

一是顾问公司的人才。这些人才往往有很多成功和失败的经验，有五岳归来不看山的能力，可以从更高维度提供解决方案。

二是跨界人才。比如，用有互联网经验的人来解决传统企业体验问题，用 AI 行业的人来解决互联网运营问题，等等。后面我们也会讲到，基于定位的技术来进行工单的真实性识别，基于人脸识别技术对认证服务工程师的管理，这些都是非常好的用“他山之石”攻玉的案例，不仅可以高效解决问题，还可以大大降低问题解决的成本。

非洲有一句古老的谚语：独行快，众行远。用户体验亦如此。要想做好用户体验，一两个人难以具备用户体验运营团队的所有素养，所以需要组建一个团队，通过团队推进全流程的用户体验改进。

3.3.6 用户体验的劲敌——不合理的 KPI

在用户体验实践中有各种各样影响和阻碍用户体验提升的因素。有些是技术性的，比如信息不通畅、信息不对称导致的体验问题。这些问题通过信息化工具的引入很容易得到解决。而用户体验改进中遇到的劲敌往往不是一些技术性问题，而是人为干扰因素。这些因素不仅严重阻碍用户体验的优化提升，还经常起相反作用，阻断用户体验和公司管理层之间的信息通路。其中典型的干扰因素就是 KPI。

KPI 到底在企业管理中的作用有多大？其在不同类型的企业中发挥的作用不同。只要谈到 KPI，不管是企业管理者还是员工常常都能爱恨交织地说出很多公司 KPI 的不合理性。KPI 设计的初衷是帮助企业进行员工管理和绩效管理，帮助管理者了解各部门员工的工作表现、业绩排名和实现优胜劣汰等。但 KPI 在实际执行过程中很容易远离设计初衷。不同的公司 KPI 的使用大相径庭，差距主要取决于 HR 部门在公司中的地位和强势程度。很多公司在 KPI 问题上有共同现象，就是一到打分的时候员工都会忙得要命，还经常要凑数据、编数据、调数据。基层管理者们需要左右权衡，哪个员工排名靠前、哪个靠后。缺少管理能力的主管干脆来个轮流坐庄，也有的公司强制排序要求优良中差人数比例符合 1261 原则。因为，他们认为不管团队员工表现多好，部门都需要有排名靠后的。KPI 常常是扼杀员工主动性和创新力的元凶，今天 KPI 的局限性被很多管理者诟病。近年来互联网公司的 HR 们又探索推出新的员工绩效管理概念 OKR（Objectives and Key Results，目标与关键成果法），为了管理员工绩效，HR 们也是煞费苦心。

我们暂且不论 KPI 作为企业管理工具是否满足新时代企业对于人才创新能力的管理需求。在实践总结中我们经常发现 KPI 是用户体验的拦路虎。有的管理者笑称 KPI 是 Kill People's Innovation（扼杀人的创新能力）。下面几个案例从不同维度阐述 KPI 与用户体验的诸多矛盾点。

（1）短期目标和长期目标的矛盾。最典型的就是销售部门的 KPI。传统公司的销售部门和互联网公司的市场运营部门，首要 KPI 都少有关注长远目标的，大多是按月来制定考核 KPI。我们以互联网公司的市场运营部门为例，GMV 是第一 KPI，有的公司甚至具体到每天都要有 GMV 计划，并与月度 KPI 目标匹配。这样的短期目标是否与企业的长远发展目标一致呢？我们还是看电商平台的案例，一个商品图片很漂亮，符合潮流，但实际质量很差。这样的商品只要一上线就很容易快速成为爆款。但用户体验运营部门监控发现这个商品用户差评率很高，如何处理？如果按照 GMV 的 KPI 导向，这个商品 GMV 表现绝对是优秀商品，是不能被下架的。正是因为有了这个 GMV 的 KPI 尚方宝剑，市场运营部门可以碾压任何部门，包括客服部门、质量控制部门、用户体验运营部门等。最直接的答案：你们谁为 GMV 业绩负责？有的公司也会把用户体验作为市场运营部门的 KPI。但用户体验的 KPI 数据往往是滞后的，用户购买后经过一段时间才能反馈出数据，而 GMV 是实时的。市场运营部门是对当下的和自己绩效工资直接关联的 KPI 负责，还是对下个月的用户体验 KPI 负责呢？在 GMV 这个 KPI 面前，用户体验只能往后排。到最后可能几乎全公司都知道产品质量不好，但是没有人敢于和市场运营部门争论，这个 KPI 就像武林绝学七伤拳，杀敌一千自损八百。这些卖“图片”的商品的用户体验都是负的，口碑越来越差。当这个市场的新用户被发掘完之后，GMV 增长就会变得乏力，接下来可能还会导致市场运营和市场投放部门之间的矛盾。为什么同样的市场投放动作，ROI 却越来越低？是因为竞品的突入，还是其他原因？究其根源是负面用户口碑持续发酵，制约了广告投放的传播和转化效率。这样的 KPI 结果变化谁应该负责呢？所以短期 KPI 目标和长期目标的矛盾直接导致了这样的结果。

（2）主观和客观的矛盾。由于 KPI 的制定和考核讲求 SMART（Specific，具体的；Measurable，可度量的；Attainable，可实现的；Relevant，相关联的；Time-bound，有时限的）原则，即 KPI 指标都是要求可量化的。这就会形成一种打分式的评价标准，60 分及格线，80 分良好，90～100 分优秀。于是在这种分数制度下的员工紧盯着自己的数据，这种数据量化考核的目标人群应该是生产线，对于需要创造力的岗位考核并不适合，甚至会起到相反的作用。以市场投放为例，不同的渠道都需要进行一定比例的投放，在某个阶段如果选择投放 A 渠道，可能直接效果最好，但是没有长尾效应；投放 B 渠道，直接效果没那么好，但是有时间长尾效应，也就是我们说的可能有后劲。这里就面临着一个无法解决的主观与客观的矛盾。市场部应该多投 A 渠道，还是 B 渠道？从主观投放经验上看，二者各有战略意义，两个渠道都很重要，但是在 KPI 之一的 ROI 面前，部门为了达成目标，只能在客观数据更好的 A 渠道加大投放，减少 B 渠道。大部分的 KPI 数字，是不能完全客观反映出这个任务目标的完成质量的，至少短期不能，而 HR 和财务部门往往更加看中直接数据。

（3）线性和非线性的矛盾。KPI 的数据经常是线性要求的。比如生产线计件 KPI，1 小时生产 10 件，10 小时生产 100 件。还有仓库发货数量 KPI，1 个人发 100 件，10 个人发 1 000 件。而在用户体验中，大部分数据是非线性的。用户差评从 15% 降到 10% 和从 10% 降到 5% ，同样降低了 5 个点，需要付出的努力往往不是线性的，而是数量级的。同样下降 1% ，越靠近 0 的每一步都要付出更多的努力。但是 KPI 的制定者喜欢用线性方式来制定 KPI 目标。更有甚者，某个时间的部门 KPI 完成得很好，HR 会说是不是因为目标制定得不够科学和有挑战性呢？这个月用户投诉减少 1% ，下个月就要减少 1.2% 。这样的线性和非线性矛盾，在用户体验 KPI 中经常发生。谦虚是中华民族的美德，有的员工数据很好，都不敢给自己打满分，因为 HR 可能找员工谈话，询问是不是目标制定得太低了？

（4）静态和动态的矛盾。随着竞争环境的变化和行业的变化，很多数据是持续变化的。KPI 从制定到考核短则一个月，长则半年一年，行业数据经常变化。即使在比较近的时间内，ROI 的投入产出数据也会随着投入的变化而变化。比如市场投放投入和产出，自我内卷都是正常的。投入 1 万，产出 2 万；但是投入 100 万，通常不可能产出 200 万的。用公式套用是行不通的。过度投入会增加单位成本，当不同账号都购买一个关键词的流量，这个流量的价格可能就从 1 元变成 10 元，投入产出出现断崖式下跌，这种静态和动态的矛盾就直接影响了 KPI 的不确定性。

（5）被动和主动的矛盾。严苛的 KPI 考核是对人性的遏制，其结果经常是员工只负责完成任务，却少有人愿意突破。而用户体验创新，经常是在员工主动性和主人翁意识的驱动下创造的。亚马逊的客服在用户服务中不仅解决用户问题，还唱歌帮助用户舒缓情绪。这个真实案例让人觉得匪夷所思。但正是这样的用户体验，创造了用户体验中最高层级的“情感体验”。试想如果客服 KPI 是每天接听 100 个电话，平均接听时间小于 5 分钟，达不到就要被扣分减绩效工资。在这样的数据驱动下，座席如何会有创造力？座席对用户多说一句话可能就会超出 KPI 限定时间。超级用户体验案例也不可能在这样的组织中出现。自我意识和主动性在做这样的数字 KPI 驱动下难以突破。有的员工会想，这个月如果数据做得很好，下个月怎么办？不如先做到 80 分，下个月做到 81 就是提升了。诸如此类的 KPI 造成的思维模式，是不可能创造用户体验的。

除了以上 KPI 与用户体验打造的诸多矛盾，严苛的 KPI 还经常对用户体验产生负向作用，制造糟糕的用户体验。我们看一个案例，在一个售后服务的用户体验项目中，家电备件到货时效中有一个 KPI 是 3 天到位率，其目的就是用于跟进用户的备件是否得到及时准确匹配，减少由于备件不能及时到位引起的维修延误。这个 KPI 的设计是为了规范区域备件经理对于备件按时到位的执行力。但调研中发现，虽然 KPI 数据很好，但很多用户投诉备件到位慢导致维修延误。顾问团队研究发现，有的城市备件经理经常在备件到位时效即将超时的时候主动联系用户，请用户取消维修单，然后重新下一个维修单。通过这样的动作，把备件时效计时器清零。备件实际第五天到货，但在第三天时已经被强制归零，然后重新计时，这样数据上满足了 3 天到位率的 KPI。用户被弄得摸不着头脑，不知道这是什么操作，实际等了五六天才完成维修。这样的糟糕体验完全是负面的。但从 KPI 监控数据上这个备件经理的 KPI 数据完成得很好。这个案例查出来后备件经理纷纷说是被 KPI 压的。相比较让用户去取消订单、重新报单，是不是诚恳地道歉、说明情况、提供备机等方案更能获得用户的理解呢？在项目访谈调研中，员工表现出很多无奈，因为如果 KPI 完成不了就会被扣工资。这样的 KPI 环境下，没有了员工的体验，又何谈创造力，何谈员工发挥主动性去创造用户体验？KPI 变成了 Kill People’s Innovation。

KPI作为企业管理工具并非一无是处。实操中KPI有两个正向作用，第一是推进主管和员工的定期沟通，但执行中这个动作往往成为最容易执行不到位的环节。第二是帮助一些缺乏管理能力的管理者在管理员工时有法可依。本章并非全盘否定KPI的企业管理用途，对KPI的使用，“度”非常重要。过度地强化KPI结果会扼杀员工的主动性和创造力。主动性和创造力又恰恰是创新用户体验需要的，所以KPI是用户体验的劲敌。企业对于KPI的设计一定要慎重、有大局观，减少严苛的、不合理的、短视的KPI指标。

3.3.7　看不见的弹痕最致命——穿透现象看本质

当今，在大中型城市的大街上，有很多不同颜色的共享单车，地铁口、商业区尤其多。如果仔细观察，我们会发现高峰期停在那里的蓝色哈啰单车的数量常远多于黄色美团单车。这是不是意味着哈啰单车的投放数量比美团单车大很多呢？这是大多数人的第一感觉。但如果从另一个角度思考，可能事实与我们看到的正好相反。前面章节介绍过美团和哈啰的体验问题，美团单车少，可能因为美团单车的使用率高，刚停下一会儿就被下一个用户骑走了。表面看到的情况就是哈啰单车很多。这一思考对我们的指导意义是要透过现象看本质。实践中用户体验的深度研究，都需要有这样的钻研精神。因为表面看到的和实际正发生的情况可能截然相反。

再分享一个“二战”时期关于战斗机加强钢板的故事。“二战”后期美军对法西斯德国和日本展开了大规模的战略轰炸，每天都有上千架战机前去执行轰炸任务，但是返航时往往遭受地面敌人的射击，损失惨重。对此美国空军十分头疼。如果想要降低损失，就需要在飞机上焊上防弹钢板。但是过多的防弹钢板会使飞机的速度、航程、载弹量都受到影响。那究竟在哪个位置安装钢板才能最有效果呢？这时候一个人出现了，他就是数学家亚伯拉罕·沃尔德。他的方法十分简单，在一张白纸上画出飞机的轮廓，让地勤技师统计飞机各部位的弹孔，并在白纸上将弹孔画在相应的位置。如图3.3所示。

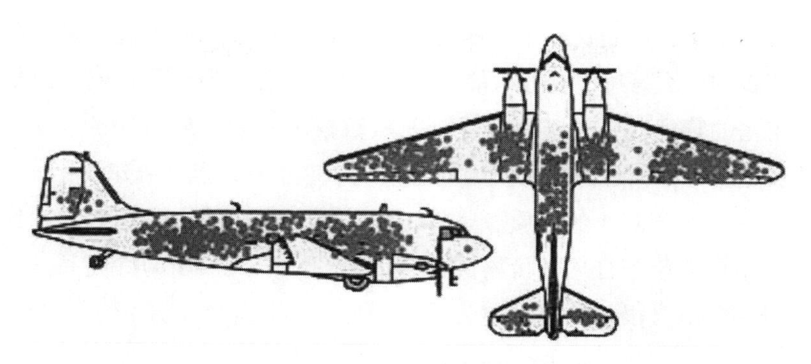

图 3.3　飞机弹孔位置示意图

画完之后大家发现飞机的机身和机翼中弹率非常高，于是，有人建议在机翼等密集中弹的地方加钢板。但沃尔德意见却相反，它认为应该在飞行员座舱和尾翼这两个位置加钢板。大家不解，图纸上这两处几乎是空白的，为什么要在没中弹的地方加钢板？沃尔德一语道破：如果飞机的座舱中弹，飞行员九死一生；如果尾翼中弹，飞机将会失去平衡而坠毁。这两处一旦中弹，飞机多半是飞不回来的。因为统计出来的弹孔数据都来自成功返航的飞机，所以白纸上这两处才会一片空白，而并非这两处不会中弹。

这个案例是不是让你茅塞顿开？它提醒我们透过现象看本质是多么重要。那些表面上看似没有问题的环节，可能恰恰是致命的。客服中心或者运营部门对于投诉和用户评价的收集，实际上和这个战斗机的案例如出一辙。如果仅仅分析用户投诉，那么所有的问题都来自给我们反馈的用户。那没有被投诉或者投诉比较少的触点是不是就没问题了呢？事实上可能并非如此。如果用户在关键接触点出了体验问题，可能直接离开而不选择投诉。我们从数据报告上可能发现不了这些问题，而用户正在悄悄流失。

今天很多互联网平台的运营，过多地依赖大数据分析。很多企业喜欢用数据来证明运营工作的成果。但是商业底层逻辑告诉我们，漂亮的数据往往不代表用户满意。我们不否定大数据的作用，而是要正确看待大数据结构结果和善于挖掘数据背后的逻辑。大数据可以用来判定我们决策后的结果，帮助我们了解执行是否在预定轨道，但不能盲从。如果大数据真的那么好用，企业可能不需要经验丰富的管理者和运营团队了。经验丰富的管理者更善于高瞻远瞩和从数据中看到背后可能的逻辑。用户体验运营中如何透过现象发掘问题本质？这里有几点基础建议：

第一，谨记商业的本质，坚持正确的事。商业的本质是商品的供求关系。用户希望用合理的价格买到合适或超出个人预期的好商品。如果我们把一个质量很差的商品包装成一个好商品，显然就违背了这个底层逻辑，即使短期数据再好，最终用户体验也不可能好。同样如果把一个质量好的商品，用高出同类商品市场价格很多的价格卖给用户，用户依然会觉得吃亏了。排除品牌因素，货比三家后的物有所值是消费者选择的基础逻辑。抓住商业本质，坚持做好每一件对的事情，为用户挑选适合的性价比高的商品，永远不会错。不要盲信数据，更不要被短期的数据假象蒙蔽了双眼而忽略了坚持正确的事情。

第二，用户同理心。大数据分析，员工常常是为了收集和制作报告给领导看，甚至为了突出自己部门的工作成绩。而作为用户体验运营部门，只需要问自己和同事们一个问题：作为用户你会不会在平台上购买商品呢？如果答案是否定的，那么就应该抛弃一切数据表象，发掘问题根源。为什么我们自己的员工都不愿意购买自己的商品和服务？哪里出了问题？

第三，居安思危。越是数据好的时候，我们越要警醒。有时候，阶段性的好业绩会冲昏公司头脑。公司业务极速发展的时候，可能已经暗流汹涌，这时候如果不及时发现数据背后的风险并及时调整，很可能我们销售一个商品就伤害一个用户。所以越是数据漂亮的时候，我们越要有及时反省和自我解剖的勇气，而不是自我陶醉。如果分析出好的数据的确事出有因，那么也可以作为成功案例批量复制，对业绩的影响也是积极的。

第四，持续学习，突破认知局限。古希腊哲学家芝诺说过：人的知识就好比一个圆圈，圆圈里面是已知的，圆圈外面是未知的。你知道的越多，圆圈也就越大，会感觉自己不知道的也越多。这句话充分说明了每个人的认知局限性。在成长中你会发现，当年自己一直坚持的自认为对的事情，某一天突然发现是错的。“顿悟”往往是建立在累积和量变基础上的，不断地积累行业经验、学习，才有可能突破现有认知。如果在用户体验改进中积累足够经验，在面对大量的数据表象时，就可以胸中有丘壑，立刻发现数据之下的本质。

3.3.8 高级用户体验的底层逻辑——无条件信任

中国台湾著名职业经理人余世维先生常在他的管理学讲座中提到世界各地的酒店服务。而那些国际酒店业巨头，常常提供超预期的，甚至让用户吃惊的服务。在几十年前很多国际星级酒店的 CRM（Customer Relationship Management，客户关系管理）系统就有为用户提供生日祝福、记住客户在餐厅的喜好，甚至用餐位置的超级服务。这些服务即便在信息和互联网工具发达的今天，国内很多五星级酒店都难以落到实处。常常是只学到一些皮毛，难以学到内功。相比这些国际酒店业巨头，国内的五星级酒店常常是五星级的硬件设施，四星级、三星级的服务水准。虽然国内五星级酒店在服务上一直在学习和追赶，但在入住体验上还是难以达到洲际、万豪、希尔顿这些传统国际酒店业巨头的服务水准，总让我们感觉服务火候不到，要么就欠缺一点，要么是过度了一点。

以前在用户体验研究中，从管理学角度我们发现最主要的原因可能来自酒店的文化传承，当企业中的每一个员工都继承了酒店的文化和服务基因，这个基因就会像空气一样自然地存在每个角落，而且不断调整优化，进入正向循环。这像一个公司的用户体验文化，很难通过短期学习培训解决。因为这种对于让宾客舒适的服务的感受力是酒店文化赋予的，即便偶尔出现个别不和谐的声音，也会被大部分员工的服务覆盖掉。而仅仅从国际酒店业巨头中找来一两个高管优化管理，是难以改变酒店基因和底层运行逻辑的。

有没有其他的底层逻辑可能从更高的维度解决酒店的服务升级呢？可能有。从下面这个案例中也许会得到启发。这个案例来自浙江的一个国内知名的五星级酒店，但可以代表很多酒店的现象——酒店客人的消费记账问题。在这家酒店入住期间，和朋友在酒店餐厅消费时问服务员是否可以挂房间账，服务员的答复是：您房间有押金吗？有押金才可以记房间账。这个看似合理的服务要求，背后的原因是什么？不信任！担心用户吃完不给钱。

高端星级酒店一般的挂账服务可能有这样几种情况：大多数国际星级连锁酒店宾客在酒店内的消费可以直接挂房间账；服务差一点的，需要报出自己的房间号和姓名；再差一点的需要房间号和宾客签字；更差一些的就需要有押金才能记账。这些不同服务级别背后的原因是什么？差别在哪里？就是对用户的信任。除了直接挂账的，其余的几种方式都是怕用户跑掉、赖账，或随便说一个房间号导致纠纷，诸如此类的基于不信任的担心。那实际操作中客人会不会随便挂账，或者跑掉？可能会有，但这个可能性极低，可能是1%甚至1‰，这里面还包含了有的用户是太忙忘记了，事后补救的。但为了1%的客人行为而建立基于押金的挂账服务，是典型的对客人的不信任。当服务员问客人“你有押金吗，有就可以挂账，没有就不行”的时候，客人是否会感觉不被信任呢？

无条件信任是高级用户体验的基础，也是必要条件。在高端行业的服务中，所有的管理流程和制度，如果是建立在假定用户可能失信的基础上，这个流程制度是不可能成就高级用户体验的。而无条件地信任用户才有可能成就高级用户体验。即使用户忘记付账，我们也不要第一时间指出来，充分相信用户，相信用户对自己信誉的珍惜。即使用户忘记，需要企业去追账，那高级的用户体验服务也要有章可循，比如在客人离开3天后去提醒客人。试想如果是客人忘记了付款，酒店在客人离开3天后进行善意提醒，客人的第一感觉大多会是“愧疚”，第二感觉是自己被信任和尊重。这样的体验是否会让客人对酒店的妥善处理难以忘怀呢？酒店既充分考虑了客人的面子（比如不在第一时间在客人朋友面前提醒），又给了客人足够的反省发现问题的时间（3天以上），然后在不得已的情况下进行善意提醒。这些是不是无条件信任的高级体验呢？

我们再看余世维讲的另一个案例：关于OTIS电梯和TOSHIBA服务的故事。很多年前OTIS一个总经理问余世维先生：我们和TOSHIBA有什么区别？余世维讲了一个案例：装好的电梯出现漏水问题，用户把OTIS的工程师叫过来，OTIS的工程师说，这是设计部门的错，一会又说这是施工部门的错，潜台词是这不是我们的错。而TOSHIBA的工程师上门，向用户频频鞠躬道歉："这是我们的错。"用户说可能也不怪你们，是我们自己管理的疏忽，TOSHIBA工程师继续道歉："这也是我们的错，我们没有培训指导好。"两种截然不同的服务，一方面表达出了对自己产品的责任担当，另一方面表达了对用户的无条件信任。用户的任何错，都是企业的错。有的用户在退货原因中选"不喜欢"，员工就想"不喜欢"那不是我们的错吧？可有的企业负责人说，用户不喜欢也是我们的错，因为我们没有生产或者采买到让用户喜欢的商品。

预先取之必先予之。信任是一种高级的情绪，是可以传染的。如果企业对用户信任，用户也会对企业还以信任。我们举一个常见的电器售后服务的案例。保修期内能正常使用的产品，大多数用户是不愿意进行维修或者更换的，即使有的企业高级产品提供了保修期内随时无条件换新服务。为什么？因为用户怕麻烦？这只是一方面问题。其实是相互信任在起作用。企业信任用户，相信用户的人品，产品没有出现故障，用户是不会换新来占"小便宜"的。而用户在这种被信任的前提下，往往对于自己的信誉看得更重要。在获得尊重和信任的时候，他们更愿意展示自己的"高素质"一面，并还企业以信任。而如果用不信任的心态来思考和处理这个服务，看看结果会如何？有的家电产品在销售时为了制造噱头或者推销增值产品，会提供一年内的故障换新机服务，但是用户在使用过程中遇到了问题，需要启动换新服务的时候，这些企业却对用户设置各种障碍，不仅要用户录取视频提供证据，有的甚至要用户寄回售后服务中心进行产品检验，光用户自己说有故障不算数，一定要售后服务中心检测后确认故障才行。这个案例充分展示出企业对用户的不信任，会造成对品牌口碑极大的伤害。在实际操作中，有的换新服务并不是产品厂家提供的，而是电商平台的"增值保险"服务，实际上就是通过保险算法计算了维修概率，然后对用户进行增值销售。无论如何这种对用户的不信任，不仅给平台带来伤害，也给家电品牌带来了伤害。企业不信任用户，用户也不会信任企业的产品和服务。

要设计和创造高端的用户体验，首先要从底层设计高级用户体验的框架，设计所有的制度流程都要基于对用户的信任。用对用户的信任换取用户对企业的信任，不假定用户会做让企业吃亏的事情，不假定用户会占企业便宜，这样企业才有可能占到“大便宜”。即便用户可能会偶尔犯错，那也是我们企业提醒不到位导致的，是我们的错。这个犯错的用户早晚一天会意识到自己的问题，内心的“愧疚感”和企业的“得当”处理，都会让用户更加坚定地信任企业。

3.4 用户体验之术

3.4.1 服务是营销的开始——客户服务的4个境界

华为公司内部有很多名言，如市场部的“胜则举杯相庆，败则拼死相救”。而早年间由于华为的产品还不够强大，在内部大家经常调侃面对用户的几大职能部门：销售是“Mr. Yes”，用户需要的，都敢先答应下来，然后想办法，所以叫“Mr. Yes”。产品研发部是“Mr. No”，销售承诺完了，订单拿回来了，研发部门研究后说，这个我们现在还做不到，所以就成了“Mr. No”。那售后呢？有点惨，被称为“Mr. Sorry”，原因很简单，就是先告诉用户我们的产品可能做不到，然后想办法用人顶上去，道歉并帮用户搞定所有问题。比如设备稳定性比友商低了，那华为售后工程师就吃住在用户机房附近，随时解决问题，这一点几个外企友商都难以做到。

今天的华为今非昔比，产品、技术、服务都让其他公司难以望其项背，但售后服务部门的称谓“Mr. Sorry”却一直是很多公司服务部门的现状，因为客服中心在这些公司中都是向用户道歉的部门。随着各行业技术的提升，产品差异变小，服务中心在用户生命周期中的地位也在变化。私域流量的崛起意味着售后服务和市场营销一样，都能够给公司带来销售业绩。未来的服务运营和市场营销越来越成为一个整体。售后服务中心不仅要关注服务自身的用户体验，同时也是全流程用户体验的镜子。售后服务中心的发展何去何从？

客服中心的第一层境界是“Mr. Sorry”，即通过帮用户解决问题，达到用户满意。这个境界可以理解为做60分的服务。这是售后服务的基础。搭建新媒体中心、呼叫中心，从接通率、服务质量、服务效率、响应时效、标准话术等这些基础的客服中心管理工作抓起。管理优化的方向是降低成本，提升座席效率和用户满意度。这也是当今90%以上的呼叫中心正在做的事情。呼叫中心是用户口碑的最后一道防线。在这个环节要把市场、销售、产品、物流等前端接触点给用户造成的不好体验解决掉，最大限度挽回企业口碑，把用户留住。

客服中心的第二层境界是差异化服务体验打造。呼叫中心、安装服务、维修服务，都可以打造差异化服务用户体验，让优秀的服务成为品牌口碑的助力者。众多的呼叫中心案例中，招商银行的服务可以称得上独树一帜。每次使用招行服务都让人如沐春风。相比之下，各移动运营商、航空公司、互联网“大厂”，客服热线经常让用户感到无奈和无助。也有的呼叫中心座席态度很好，但是不解决问题。招商银行的呼叫中心非常注重服务细节，回访次数都有严格限制，担心对客户构成骚扰。海尔服务也一直是差异化服务的缔造者，每年都在寻求差异化服务体验的突破。家电行业早年间售后服务的一些要求都是从海尔率先开始的，比如不抽用户烟、不喝用户水，等等。差异化的服务体验给企业的竞争力加分。

客服中心的第三层境界是全流程用户体验的推进者。客服中心是企业的眼睛和耳朵，提供高质量服务的同时，收集和分类解决用户问题，并且推动产品和服务改进，从产品设计、供应链管理、生产过程、物流服务等维度都可以发现问题并推动改进。在第一、二层境界，客服中心专注的只是做好服务。到了第三层境界，客服中心肩负着更重的责任。对外客服中心是公司的代表，而面对公司内部客服中心就是用户的代言人，通过把用户的意见、建议、投诉等分类汇总，反馈到前端部门进行改进来帮助企业提升全流程用户体验。很多传统企业的客服中心话语权较少，常常难以从根源上解决问题。一旦把客服中心的地位提升到用户体验改进的推进者，企业的一些潜在问题都会暴露出来。用户投诉是非常重要的用户体验改进素材。企业还可以通过客服中心的数据分析来定位各环节的用户体验问题。比如家电售后服务的大数据，可以分析出家电产品的哪些模块容易出故障，生产过程哪个制程容易出质量缺陷，哪些供应商的产品或批次的元器件有问题，等等。

客服中心的第四层境界是服务生态打造。服务逐步成为营销的重要入口，在提供好服务的同时，留住用户，围绕服务建立生态，进行私域运营，传统客服中心可以通过互联网工具搭建服务生态。私域流量运营就是利用各种运营手段维护好用户。服务是产品销售出去后和用户接触的重要机会，通过优质的服务来建立用户信任非常重要。传统行业客服中心互联网转型的基本思路是：产品销售—售后服务—差异化用户体验—信任—生态平台—私域/生态运营。传统老牌企业和新兴互联网平台思路是类似的，又略有不同。传统老牌企业往往有大量的用户积累和CRM 系统，如何把沉淀用户激活是主要方向，努力把低频服务变成高频互动。而互联网平台的客户服务和用户运营经常密不可分，良好的服务体验是加强用户运营的重要方法。所以传统企业互联网转型往往通过售后服务逐步建立用户生态圈，进行私域流量运营和二次营销，给企业带来新的增长点。

在不同行业中或在企业发展的不同阶段，对客户服务的要求是千差万别的，但大多跑不出以上客服中心的四层境界。而且四层境界不是独立存在的，不是非此即彼的关系，而是不断升级，更高境界都是向下兼容的。如何往上一个境界跃升从而帮助企业获得更多收益是客户服务中心的重点任务。企业可以先对照自查自己的客服中心所处的阶段，而后对症下药向更高客户服务境界提升。

3.4.2 倾听用户声音——VOC 信息收集

自从以苹果公司为代表的美国公司把售后服务中心改名为 Apple Care 和 Customer Care，中国的很多企业也把售后服务部门改成用户关怀部。近几年又有越来越多的 2B（to B，即面向企业客户）的 SaaS（Software as a Service，软件即服务）平台，同样学习欧美公司把自己的售后服务部改成了客户成功部（Customer Success）。这不仅仅是传统部门名字的改变，名字的改变意味着对部门任务目标的重新定义。事实上这些都是在不断提升售后服务、客户服务的职能范围，以帮助用户解决问题为目标，而不是以向用户道歉为目标。2B 公司的客户成功部不仅提供售后指导服务，还像咨询顾问一样为用户提供经验分享、指导建议、现场培训，甚至代运营，助力用户的最终成功。所以不论是 2B 还是 2C（to C，即面向个人用户），售后服务都在向着关怀用户、关注用户体验、帮助用户成功的方向不断升级。

前面我们讲到客户服务中心的四层境界，其中第三层境界就是如何推进用户体验的改进。客服中心的最大价值不是向用户道歉，而是作为公司的耳朵、眼睛，来接收、处理和分析用户的反馈。以前很多快消品公司会通过发放调研问卷来收集用户反馈、研究用户需求和论证产品。如今很多企业设立专门收集用户声音的 VOC 部门，作为企业用户体验改进的第一步举措。

只有清晰地了解用户声音才能更好地指导企业完善和提升用户体验。下面看一组数据：Gartner（高德纳公司，美国咨询公司）研究发现，有效地收集用户反馈可以提升销售成功率 15% ~20%。同一份报告还发现，用户反馈也有助于降低留住这些用户的成本——因为积极理解用户的公司，在用户维系上的花费比其他公司少 25%。很多负面的用户体验和用户负口碑并不是突然爆发的，而是可以从用户日常反馈中监测和收集到的。用户声音可能是电话中心的投诉、抱怨，可能是线上论坛、微博、知乎的吐槽。企业需要有意识地去收集、整理、跟踪、解决这些问题，才有机会不断进行自我完善。长时间忽略这些信息，其影响对企业可能是致命的。被忽略的用户声音有时甚至引发社交媒体共鸣事件，对品牌产生更大的不利影响。

本章讨论如何收集和使用 VOC 数据。VOC 数据工作主要包括 3 个阶段：

收集——通过组织、系统、工具、第三方等从用户那里收集反馈信息。

分析——记录并分类、分析问题，发现共性的系统性问题和用户期望。

执行——根据问题的分类，从用户体验视角提供对应的解决方案，改进组织、流程、系统和标准等。

倾听用户声音，用户声音的信息采集就变得至关重要。如何采集到客观准确的数据？企业收集用户声音通常有以下几个主要途径：

（1）客服中心是最直接的用户声音收集和记录的渠道。用户的咨询、建议、投诉，售后安装和维修过程中遇到的问题痛点都会直接反馈给座席或服务人员。服务人员要做的就是将这些问题如实地进行记录和分类。大多数呼叫中心的 CRM 系统都支持分类记录的功能，可以满足用户声音记录和分类的需求。

（2）新媒体及社交平台监测收集。微博、公众号、论坛，知乎、头条等社交媒体和新媒体是收集用户真实声音数据的重要来源。媒体渠道的用户声音中可能有积极的品牌互动和分享，也可能是抱怨产品和服务的问题得不到及时解决。新媒体的监控为企业追踪用户体验提供了一个很好的客观的途径。企业不仅可以从这些信息了解用户的投诉抱怨，也可以收集用户的期望以提升产品设计和服务水平。在大数据日益被重视的时代，有越来越多的专业平台提供客户声音的搜集监控服务，企业可以直接租用它们的服务。也有的大数据平台会同时提供竞品 VOC 收集的服务，帮助我们了解竞争对手动向，及时做出改进。

（3）用线上问卷或线下访谈的方式主动收集用户反馈。线上一般采用调查问卷、电话回访等方式来收集。调查问卷和电话回访一般适合指定问题的收集。企业可以根据任务目标，编制相关问卷，让用户填写问卷或者人工呼叫收集反馈。而线下访谈的方式更适合开放性问题的探讨，可以是一对一访谈，或者以圆桌会议讨论的方式进行。传统的快消品行业和专业的调研公司比较擅长做这种访谈并输出访谈报告。这里需要注意，企业在主动收集反馈过程中不能过早地暴露意图，否则会影响收集到的结果的准确性。

采集并记录用户声音后就需要开始进行下一步分析工作。企业对用户声音数据先进行初步的筛选，如剔除非目标人群数据、剔除明显的噪声数据等。然后对用户声音数据进行系统分类。可以从不同维度分类：从责任部门进行划分，如销售问题、产品设计问题、物流问题、售后服务问题等；从重要和紧急程度进行划分，如严重且紧急、严重不紧急、紧急不严重、普通问题等。不同公司的业务模式下可以有不同的划分方法，基本原则是找到影响用户体验的源头并快速推进解决。下一章我们会介绍如何使用树形结构方式给问题分类。

用户声音的收集，不仅可以解决单个用户的满意度体验问题，更大的意义在于可以未雨绸缪，发现规模性和系统性的问题，并把影响用户体验的事故解决在萌芽中。做好 VOC 用户声音收集是用户体验改进的起点。

3.4.3 用户体验全流程改进工具——问题逻辑树

用户声音收集只做了用户体验改进的第一步，对数据进行分类并推进全流程的改进，是用户体验改进中后段的主要工作。本节通过一个典型的家电行业案例介绍用户体验问题的分类方法和分析工具的设计，分享在家电售后服务过程中通过工具的设计记录和分类用户体验问题的方法和工具，帮助企业快速确定用户体验问题的责任人、责任主体和改进方向，用数据分析挖掘问题真相并驱动企业内部制度流程的变革，推进用户服务体验全流程的优化改进。

这个工具叫作用户体验问题逻辑树，文中简称问题逻辑树，即把所有的用户声音和用户问题收集进来，然后根据分类，自上而下地做成一个倒立的树形结构，然后系统根据不同的业务类型和业务分支，进行分类、分析。家电产品售后服务和故障维修往往比较复杂，售后服务流程和用户接触点也比一般的互联网服务平台多很多，不仅涉及线上呼叫中心、新媒体中心、App、公众号、小程序等入口，还涉及线下服务商、服务工程师，以及复杂的家电配件（备件）管理体系。这个案例在全流程用户体验的改进案例中可以说足够复杂。在家电售后服务中，问题逻辑树有两个重要作用：

第一是售后服务定价。不同的故障需要的维修工艺不同、配件不同，价格自然不同。家电产品由于型号众多，售后服务价格体系非常复杂，这也造成了困扰用户的维修报价不透明问题。所以售后服务中心有时为了简单，经常简化维修工艺，归类为小修、中修、大修，然后根据配件价格等组合形成最终的服务报价。

第二是产品故障的问题分析，分类问题并且进行分析后利用大数据来推动前端流程改进，提升产品质量，改进生产工艺。产品故障的问题逻辑树专注产品体验的改进。用户体验和服务的改进，也会在问题逻辑树中被记录和分类，这属于服务体验的改进。如用户投诉、咨询建议、用户体验问题等，当然这些数据不用于服务定价，而是用于发现用户体验问题。下面我们以家电产品的售后问题逻辑树来举例说明问题分类和分析。

问题逻辑树中，每个故障现象对应了不同的原因，每个原因又可能对应不同的维修措施，所以在数据库关系上自然形成一个树形关系表。日常工作中我们也可以用表格来表示。问题逻辑树一般分为以下几个主要因子：故障编号、产品类别、故障现象、故障代码、故障原因以及维修措施和类别等。在下面的表格结构中我们把树的多层级展开形成二维表结构，见表 3.1。

表 3.1　家电产品问题逻辑树

故障编号	产品类别	故障现象	故障代码	故障原因	维修措施	维修类型
1001	冰箱	制冷效果差	AE	压缩机不工作	更换压缩机	大修
1002	冰箱	制冷效果差	BE	制冷剂不足	添加制冷剂	小修
1003	冰箱	制冷效果差	AF	焊点泄漏	重新焊接	中修
2001	空调	持续工作不停机	OF	温度传感器故障	更换温度传感器	小修
2002	空调	无法开机	OA	遥控器故障	更换遥控器	无维修

（1）故障现象：故障的表现。以冰箱为例，不制冷是典型的故障现象。大部分故障现象是用户可以自行判断的，所以在提交问题的时候，用户可以直接选择或者描述故障现象。

（2）故障原因：原因是比故障现象更深一层次，部分原因可以直接从表象看到，但大部分故障原因用户无法直接判断。比如冰箱制冷效果不好的原因有很多，如压缩机不工作、制冷剂不足、密封不好等。故障原因需要专业的维修工程师进行判断，并且进行记录。

（3）故障组件：如果是某个产品模块或器件故障，如压缩机故障，需要结合产品 BoM（Bill of Material，物料清单）数据、产品型号、生产年份，匹配出对应的压缩机型号，用于备件调用和追踪压缩机供应商等信息。

有了以上基础故障信息，后台就可以进行故障分析了。但实际执行中对用户的报价计算也要根据这个信息，为了维修报价快速、准确、透明，基础数据还会增加以下信息用于工程师录入：

（4）维修措施：维修措施复杂度决定了维修的手工费用，维修措施表一般用于服务费人工部分的计算，如小修、中修、大修等。

（5）备件：需要维修或更换的产品配件，从 BOM 中读取备件价格。

（6）产品种类（型号），不同种类和型号的产品故障对应的备件型号不同，备件的价格也就不同。

在实际使用中，这些数据以维修工单为基础，从用户提交的信息、呼叫中心记录、维修工程师记录等多渠道进行录入和同步，最终提交给系统，这样系统收集到的是准确的逻辑故障信息。汇总后，大数据平台对这些数据表进行多维度分析，最终得出结论发现问题，如某型号产品的故障率、主要故障类型、故障原因。结合产品 BOM 表，工厂的 MES（Manufacturing Execution System，制造执行系统）、ERP（Enterprise Resource Planning，企业资源计划）系统信息，产品问题和故障可以追踪到设计师、元件供应商、车间生产工站、安装服务工程师等环节。常见的一些质量问题数据可以追踪和定位到供应商责任。比如某个型号的元器件发生故障，质量部门会对其进行分析、取证，然后追责到采购部门和供应商，进行供应商追责，因为元器件质量问题导致用户体验问题需要供应商来埋单。这也可以在一定程度上推动供应商的供货质量改进。某个型号的产品可能存在相同的高频故障，那么质量部门就会追责到设计部门，促使其进行版本迭代，避免后续问题。还有一些是产品工艺问题，如虚焊、漏焊、保护缺失等生产制程的问题，可以直接反馈到生产线的管理部门对员工进行培训。系统联动下，有的严重问题质量部门甚至可以直接暂停工厂生产线。还有常见的运输物流导致的问题，如在运输过程中保护不当造成的产品外观划伤、外壳压痕，等等，都可以在问题故障树中找到数据统计结论，推动相关部门进行优化改进。

问题逻辑树不仅可以记录、分类和追溯问题，还可以定期输出报告，明确主要问题的责任人和责任部门，推进从问题源头解决产品和用户体验问题，而不是哪儿疼医哪儿。表 3. 2 是问题逻辑树的图表功能示意，当然实际的数据比这个要复杂很多。

表 3. 2　问题逻辑树示意

故障编号	出现次数	责任部门	责任分析	供应商编号	整改措施
1001	400	采购	压缩机质量问题	AA001	损失追回
1003	300	生产	虚焊	BB003	产线培训整改

相比家电行业的问题逻辑树，我们在互联网行业中的用户体验问题逻辑树会简单很多。在实际操作中不同的业务模型下问题逻辑树需要有不同的设计。最核心的是充分结合全用户流程接触点管理来进行逻辑拆分，从前至后按用户接触点进行梳理就很容易。比如常见的电商平台的问题逻辑树，粗略地可以进行如下拆分：

问题大类：商品问题、发货问题、物流问题、售后问题、服务问题、市场活动问题等。

问题细类：每个大类都可以继续向下细分，商品问题可以分解为商品质量、图文不符、尺码问题等；发货问题可以细分成发货时效、漏发、错发、包装问题等；售后问题可以细分为退货方式、退货时效、换货方式、退款问题等。

有了大类和细类的分解和记录才有可能进行准确的数据分析和问题责任的追溯。用问题逻辑树记录用户体验问题不是目的，推动全流程用户体验的改进才是目的。有了以上数据作为基础，通过大数据分析可以让管理者清晰地看到问题出在哪些地方，是个体问题还是系统问题，责任属于哪个人或者哪个部门。而用户体验运营部门通过日常工作中对关键问题的趋势监控，就可以有效地提前预警系统性用户体验问题的发生，把可能影响用户体验的事故消灭在萌芽中，再结合用户体验项目和系统化的改进动作，推动全流程用户体验的提升。

3.4.4 疏堵结合——管理和运营一个不能少

互联网带给企业的到底是什么？你可能看到最多的答案是“效率”。这些效率主要包含了信息传播效率、企业获客效率等。互联网和物联网技术的崛起，让人和人之间、机器和人之间、企业和用户之间的信息传递效率空前提升。传统企业这些年也一直在喊企业数字化和互联网转型，因为效率决定了企业运作的边际成本，不转型就是死路一条。

和传统企业管理理论相比，互联网企业提得最多的一个词是“运营”。初次听到“运营”这个词的时候，很多人不明白运营到底做什么，和企业管理的区别在哪里。传统企业管理是上传下达为主，而运营的本质正好相反，运营更像是边走边调整，建立一条轨道，让所有参与者沿着轨道前进，然后通过结果再不断调整轨道方向。因为互联网使信息的反馈效率空前提升，所以可以更有效地指导业务方向走在正确轨道上。例如在淘宝、Amazon 等一些大型电商平台，商品用户体验的控制不仅针对供应链进行直接质量管控，更常用的是数据反馈和引导的方式来让供应商和商品朝着对用户体验有利的方向发展。

传统管理思路重管，哪里有问题，就管哪里。质量不好管质量，服务不好管服务。和传统管理相比，互联网运营的逻辑重疏，让好的更好，差的淘汰，形成正向循环之势。需要注意的是，不是所有的管理都可以被运营替代，二者往往是互为补充、相得益彰的。从下面的案例我们看看电商平台如何从管理思路到运营思路进行商品质量的管理和优化。

电商平台的起步阶段，商品质量管理思路是在产品入库环节进行质量检查，发现问题后进行退货、对供应商警告、罚款等，以此来管理商品质量。但随着订单量的快速增长，需要的质检人员越来越多，人力成本投入巨大，抽检本身也会有漏网之鱼，对商家的威慑力不足。如果单纯用这种质量管理方式，平台的商品质量管理起来就很复杂，而且容易产生质检与供应商之间的腐败问题。这一问题该如何破解？答案是加入运营手段，建立商品质量的运营规则来疏导并推进供应商的自我优化。

首先，平台需要制定出一套基于商品品质、用户评价体系的规则，通过这个规则来提升优质商家的流量倾斜，减少劣质商家的流量。方法就是在原有平台流量分配机制上，增加商品口碑、用户评价的得分。这个得分可以由以下几个部分组成：第一，仓库抽检结果，商品合格率；第二，用户评价，好评、差评、退货；第三，高差评的商品、问题商品，零容忍直接下架；第四，供应商运营打分，比如动销率、缺货率、发货时长，等等。这些参数结合原有的平台算法，组合成平台最终的流量倾斜方案，而且这个得分不是静态而是动态调整的，以最近 30 天的数据综合表现进行调整。所以商家如果想获得更多的流量和订单，就要依据平台的规则来调整自己的产品质量和售价。在这个大规则下，供应商产品质量好、口碑好、性价比高，就会获得更多的流量，收入就多。供应商的商品质量差、用户差评多，就会被减少流量曝光，甚至有被关店的风险。运营规则有效地把收益与质量挂钩来推进商家的持续改善。其中还有一点很重要，规则向供应商透明，在商家培训中进行大规模宣传引导，让所有商家都知道自己的利益与商品品质、性价比、用户评价息息相关。在平台形成正向循环，劣质商品、差评率高的商品、图片和实物不符的商品没有存活空间，被规则快速识别和淘汰。

具体执行中还有几个问题在运营规则制定时候需要注意。第一，质量好不等于差评率低，用户往往选择的不是质量，而是综合性价比。如果一个产品质量很好，但是卖得很贵，那么依然会有差评。而类似拼多多这样的平台，产品价格低到完全超出用户预期，那么用户会接受了性价比，质量有小瑕疵用户也不会打差评。所以差评率实际上是相对的，是可以有效反映出用户对商品的接受程度的。从另一个角度看，不同质量价格的商品都有对应的受众。所以平台用户分层很重要，对于价值敏感型用户，要有针对性地提供质量高的商品，而对价格敏感型的用户群体，要重点推荐性价比高的商品。这样才可能做到不同用户群对平台的服务、产品都是满意的。

用户评价这个数据参数，对于系统运营和改进来说总是滞后的，因为只有在商品有一定的销量、一定数量的用户评价后这个得分才有效。所以我们的流量倾斜规则不仅依据商品调整，还要依据商家长期的数据积累调整。如果一个商家历史信誉很好，偶尔有一个商品出现问题，对其整体影响不会很大，只会导致这个商品被下架。虽然得分是滞后的，但只要循环起来，商家充分了解了这个规则对于自己信誉的长期意义，依然会主动注意商品质量和性价比。大部分商家都是希望做长远生意的，而那些短期利益追求者，将会在规则和数据指导的严格质检下被快速淘汰。

不同基因的企业，在管理和运营上会各有侧重。以京东和淘宝为例。京东在供应链管理方面是非常强的，但平台也兼顾了运营规则的使用，所以京东自营在品质上是值得信赖的，因为京东懂供应链、懂商品。然而淘宝体系是缺乏供应链管理基因的，但淘宝靠经验建立了巨大的规则体系、商品质量规则、商家分层规则、流量规则，等等，所以规则下可以快速识别商品质量问题、商家行为问题并加以处理。在淘宝的严厉处罚下，商家爱惜自己的流量，如履薄冰。

从管理到运营，再到二者相得益彰的解题思路，可以让企业在用户体验优化和运营中找到一点灵感和方法。在企业高速发展中优化用户体验可能涉及很多利益关系，光靠管理策略调整，强压下来，加强制度，增加处罚，奏效往往很慢，心存侥幸的人很多。所以在管理的基础上引入运营，疏堵结合，让相关利益方清晰地看到自我优化变革后的希望，用户体验的提升会更快速地产生效果，用户体验正向循环之势会很快形成。

3.5 用户体验之器

3.5.1 CRM3.0——以用户体验为核心的 CRM

2020 年，在海尔负责新服务变革的杨俊老师出版了一本书，叫作《营销和服务数字化转型—— CRM3.0 时代的到来》，杨老师是 CRM 领域的资深专家，可以说从大企业 CRM 咨询到项目实施经验上，行业内少有出其右者。书中深入阐述 CRM 行业的发展方向，介绍了传统企业如何围绕 CRM 进行服务转型、数字化转型，CRM3.0 如何帮助企业在互联网时代更好地支持营销，以及未来的服务是营销的开始，其中很多观点给传统大企业指出了 CRM 的定位和发展方向。因为杨老师的项目案例几乎都涉及专业咨询和大型 2B 解决方案，项目对象几乎都是电信、金融、能源、汽车等传统巨头，多是千万、数千万规模的，但是我们依然可以从中窥探到一些适用于所有企业的 CRM 的未来方向。在 CRM3.0 时代，CRM 作为用户运营的工具和私域运营的基础工具，一切功能都是以用户体验打造和用户终身价值挖掘为目标的。

先简单介绍一下 3 代 CRM 的发展。CRM1.0 是以产品为核心的 CRM 系统，其核心功能就是把每个销售出去的产品和用户信息关联起来，有了这个基础关联，再为用户提供后续的售后服务、记录，等等。虽然是 CRM1.0，但这个时代距离我们并不远，CRM1.0 也是电信、金融、能源、家用电器行业等巨头企业的必备管理系统。

CRM2.0 可以从企业咨询角度定义为以方案和最佳实践为核心的 CRM 系统，也就是说行业经验的复用。如果从功能上说，其核心是围绕用户营销进行展开，从潜在客户的收集和管理到现存客户都可以进行不同的分级营销、邮件营销、电话营销，等等。现在很多大型 2C 公司，使用的 CRM 都属于 CRM2.0 范畴。

CRM3.0 是从互联网思路到实现工具的连接。很多互联网公司已经把 CRM 做到了 3.0 阶段。传统企业的互联网转型也是商业模式和管理模式的转型，CRM3.0 也是这些企业转型中的落地工具。今天的互联网公司运营中都有一个专门的部门叫用户运营，用户运营做的工作就是 CRM3.0 核心的一部分。互联网公司用户运营主要是基于用户大数据积累进行用户活动和营销，用到的多是大数据分析和数据智能的专业能力，具有很强的业务针对性和自身业务特性。互联网公司的用户运营如果对应到 CRM，其实是处于 CRM2.0 和 CRM3.0 之间的阶段。因为 CRM3.0 的核心目标是用户终身价值，从顾客到用户到忠诚用户最后到终身用户，步步为营地发掘用户价值。今天越来越多的互联网平台开始注重复购这个指标，而 CRM3.0 就是以用户终身价值为目标的 CRM 系统。

CRM3.0 具有哪些基本要素？企业如何针对自己的业务特性寻找适合自己的 CRM 系统？前一阵一个朋友的案例很有启发性，他前几天刚收到慕思寄送的礼物——一套浴巾。这是他收到的第 20 份礼物。这个朋友 20 年前一个偶然的机会买了一个慕思床垫，然后自此慕思每年都给他寄送礼物。试想一个企业能做这样的用户体验，用户或用户的家庭有多大可能成为慕思的终身用户？虽然床可能 10 年都不换，但是你换的时候想到的依然会是它。

我国台湾“经营之神”王永庆早年卖米的故事经常被 CRM 拿出来举例：老太太发现家里的米快吃完了，在去买之前，王永庆就已经按她每次的分量把米送到了家里。原来，王永庆在一个本子上详细记录了顾客家有多少人、一个月吃多少米、何时发薪等。算算顾客的米该吃完了，就送米上门；等到顾客发薪，再上门收款。这其实就是一套非常好的 CRM 的雏形。所以商业逻辑中用户期望和用户体验需求一直没有变，变的只是工具而已。从王永庆的本子到后来的 CRM，从 BS、CS 模式到互联网再到移动互联网，用户对于产品和服务的超级用户体验需求不曾改变。

CRM3.0 的目标，是通过对用户信息及行为的积累和识别，构建出更具层次的企业与用户的深度关系。CRM3.0 工具要做的就是通过新的信息记录和交互方式，来对这一原有逻辑进行重构和重实现。

CRM3.0 系统需要具备什么样的功能特性呢？进一步梳理流程框架如下：

多渠道的信息采集累积→标签标记→用户画像→用户分类分层→个性化互动→匹配主动关怀→生命周期管理。

第一步，多渠道的信息采集积累。用户信息的采集，从传统的销售网点登记录入，到今天电商渠道，以及五花八门的流量获取渠道，都需要对用户进行记录和识别。不同渠道采集回来的用户信息，是否能够有效识别合并是判断 CRM 系统功能完善与否的重要指标。不同渠道用户如何充分识别合并，一方面不能产生数据冗余，另一方面是在后续用户行为分析中能够有效分析用户的行动路径，更好地为后续营销服务。近些年比较火的SCRM（Socail—CRM，基于社交的CRM系统）就是比较好的多渠道信息采集工具。SCRM支持把不同渠道收集回来的用户信息进行合并，并且可以使用户行动链路完整化，从而达到对用户的深度了解。现在相对友好的是大多数用户识别都是以手机号为唯一识别，所以淘宝、微信、小红书、抖音等渠道的用户都可以有效识别合并。

第二步，标签标记。为了更好地区分用户，需要对用户进行必要的标签标记，如性别、年龄、喜好、所在区域等。标签功能本身又可以由浅入深，如最基础的静态标签，性别、年龄、民族、学历这些极少变化，都属于静态标签。有些标签是不稳定的，如最近购买的商品，这属于动态标签。标签还可以从定性和定量区分，定性标签如最近购买的商品、婚姻状态，特点是文字类型。还有些标签是定量的，用数字表达，比如购买金额、累计购买金额等。其中偏好等标签是系统根据购买和浏览行为预测的，属于间接标签。

第三步，用户画像。用户画像实际上是用户标签累积，把标签从不同维度进行聚合，就形成了用户画像，在针对这个用户进行主动服务或者营销的时候就有了有参考的针对性。用户画像既可以在服务中使用，又可以帮助我们了解自己的用户，在后续的营销中更加有目标群体的针对性。

第四步，用户分类分层。有人会说用户应该被平等对待，为什么要分成三六九等？很多互联网平台用户分层做得很好，因为不同用户群的预期是完全不一样的，购买能力强的用户注重差异化的体验，购买能力弱、价值敏感型的用户注重性价比。所以A用户群认为好的东西，B用户群可能认为性价比不高。B用户群认为好的东西，A用户群可能认为廉价缺少品质感，等等。这只是一个从消费能力上进行的简单分层，实际上还有更多的维度，比如年龄分层，购买某类用户关联按类别的产品喜好，比如买啤酒的用户是否同时会买零食，等等，也是属于用户细分。很多时候，我们需要针对不同行业做具体分析和分类。当然，最基础的分类，就是用户消费能力的分类，这个对于产品定价、用户活动运营的分层、提升转化率有很大的作用。而且最重要的是针对不同需求层级的用户可以采用不同的用户体验运营策略，这也是用户体验打造重要的战术方法。

第五步，基于用户分层的用户交互。可以针对不同用户进行不同互动，如新款产品针对追求潮流的用户群进行定向推荐，而滞销品、折扣活动针对价格敏感型用户进行营销。对于沉睡用户的唤醒，对于消费型商品的用户复购的追踪，都是个性化交互需要考虑的。对价格敏感型的用户多推荐促销商品，对价值敏感型的用户多推荐评测商品，等等。

第六步，用户主动关怀。CRM 系统结合前面的 VOC 收集和用户服务的过程管理，可以提前预警和发现有可能影响用户体验的问题，比如物流可能延误，比如批次商品的质量问题，这些问题发现后可以立刻由呼叫中心针对用户进行主动关怀，以提升用户体验。最近有一个很有意思的案例，有的生鲜平台在用户订单完成后给用户退几分钱的“蔬菜重量差价”，这是一个非常典型的主动关怀动作，但实际更有可能是一种营销。因为几分钱的差价都给用户退回来，说明这个平台是个“良心平台”，不多收用户一分钱，以此成功打造了一次用户体验，塑造了平台形象。常用的用户主动关怀还有一些对高潜、高价值用户的交互策略，比如前面说的慕思床垫的例子，还有业界最多的 VIP、VVIP、钻石用户特权，等等，都属于在高价值用户主动关怀上做文章。

最后，用户全生命周期管理也是用户终身价值挖掘的重点。对于不同用户群的周期管理至关重要。在信息爆炸的今天，让用户接触一个品牌很容易，用户忘记一个品牌也很容易。所以 CRM 要有基于用户生命周期管理的功能，什么时候该提醒用户、唤醒用户，等等。还有一些特别典型的行业更加依赖用户生命周期管理，比如母婴用品，对于用户“预产期”“哺乳期”“婴幼儿”等各需求阶段，可以有针对性地提供关怀营销。如果 CRM 可以很好地跟踪这些用户信息，对用户进行精准画像，并在不同时间做出相应关怀动作，母婴用品用户群的忠诚度是极高的，至少可以持续几年。

CRM3.0 不仅关注用户的钱包，而且识别和关注不同层次和类别用户的需求，从而着眼于去构建出一种更具层次、更高效、更体贴也更有趣的新型用户关系，围绕用户体验和用户全生命周期，更有效地满足用户需求。

最后总结一下。如果企业需要提升用户黏性、忠诚度、复购率，那么一定要搭建一套针对用户全生命周期的 CRM 系统，叫“磨刀不误砍柴工”。CRM 的打造，企业要从基本的用户识别、标记、画像、分类、营销、服务等方面对用户进行全生命周期管理，同时在用户运营中需要常问一问以下问题：

CRM 用户管理中，是否有意识地区分了价值敏感型用户和价格敏感型用户？

CRM 用户运营中，是否有效地进行用户行为跟踪和生命周期分期管理？

基于用户细分和不同时期的用户交互，可以采取怎样的差异化营销策略？

CRM 的用户画像是否符合实际设定，市场营销投放是否与用户画像匹配？

CRM 用户的生命周期如何尽可能拉长，帮助我们获取每个现有用户的长期价值？

3.5.2 用户体验提升实战——呼叫中心的 KPI

随着互联网和多媒体技术的发展，客服中心从最早的电话呼叫中心，发展成今天五花八门的服务接入方式，现在的客服中心除了电话座席大多都支持多媒体服务，如在线客服、微信客服、阿里旺旺、京东客服等。接入渠道多了，用户不需要漫长的电话排队等待，不紧急的服务需求用户也可以留言。这些工具的提升本身就是客服中心用户体验的提升。但本质上很多客服中心的服务质量并没有随着技术工具的改进而改变，治标不治本的项目一直在持续。

不管是 2B 还是 2C 的商业模式，客服中心对用户的接口作用无法被替代。有人说现在智能客服越来越多地被广泛运用，人工客服可能会最早被取代。而事实上可能正相反，客户服务是最需要人性化的沟通，

AI 客服可以替代呼叫中心的一些机械重复工作，但本身并不能提升用户感受和体验，有时反而会破坏用户体验。

客服中心作为大部分公司都会设立的标准部门，管理方式方法相对成熟但也难不落俗套。客服中心核心管理工作包括降低成本、提升人效、提升服务质量等。一般的呼叫中心的 KPI 有接起率（挂断率）、通话平均时长、客户满意度，等等。前面我们多次提到客服中心在全流程用户体验中的地位，但是作为服务本身，如何提升用户体验呢？本章通过案例分析来探讨作为用户体验改进源头的客服中心，如何通过改变 KPI 来提升服务的用户体验。

客服中心的 KPI 一般可分为对外和对内两种。对外主要针对用户侧，以解决用户问题和让用户满意为主。对内主要指企业管理的 KPI，比如成本控制、人效提升。现在大多数呼叫中心对内的部门运营指标多是关注成本，而对用户的服务指标多关注用户的满意度。

先了解两个最常见的呼叫中心的 KPI 指标：

第一，接起率（或放弃率），即用户排队等待到接通座席的比例。接起率关乎呼叫中心的成本，所以传统意义上一般情况下 85% 的接起率（15% 的放弃率）是大部分行业可接受的指标。实际上不同职能的呼叫中心在接起率的投入往往不同。比如销售型呼叫中心的每一单都是收入，所以自然接起率要求很高。例如 e 代驾订单呼叫中心，接起率长期可达到 99. 8%，几乎不会放掉任何一个用户。因为 e 代驾一天内不同时间段业务量变化很大，所以为了提高人效，座席的排班多达 13 种班组，其中还包含兼职座席，在保证用户接起率的情况下，把人效做到极致。

第二，服务满意度，即服务完成后让用户打分，或者发送回访短信来收集数据。这也是最常用的衡量呼叫中心用户体验的指标。事实上，这个 KPI 数据经常不够准确。比如可能用户并不是对呼叫中心的服务有意见，而是对商品或者物流不满，用户打 1 星，座席也常常成了背锅侠。

在严苛的 KPI 制度下，呼叫中心座席常会出现上有政策下有对策的问题。比如接起率指标，座席可以先接起来，然后挂断，接起率就上去了。用户却被弄得莫名其妙。还有满意度问题，前面章节提到有的呼叫中心座席为了提升满意度得分，直接向用户说，稍后请您按“1”后挂机。按“1”实际上是非常满意的打分键，很多用户不知道就会按“1”挂机。如何解决这类问题呢？呼叫中心做得比较多的是培训座席提升服务意识，另一个方向就是通过调整 KPI 指标和监测方式来提升客服中心的用户体验。

一些追求用户体验的呼叫中心，会增加一些以解决用户问题为目的的 KPI，例如增加结果导向的指标。比如：重复咨询率，同一个问题用户呼入咨询的次数；问题解决率，用户问题是否及时解决。这些指标可以从一定程度解决座席态度好但不解决问题的情况，也可以减少用户二次三次呼叫浪费座席资源，从而降低呼叫中心成本。

从提升用户体验的角度拆分客户服务流程，现代企业应该如何系统地提升呼叫中心的用户体验？可以从以下几点来进行调整：

第一，提升问题记录率。呼叫中心有很多问题可能座席一句话就可以解决，就是因为简单，所以座席可能回答完不做记录而直接进入下一个用户对话。但这类问题恰恰是在常规用户体验改进中需要主动记录的。举个例子，经常有用户咨询 App 某个功能位置，这样的问题，座席一句话即可答复，所以一般不会被记录进系统。但这个问题如果被如实记录，当累积到一定数量，就可能排名靠前，结果帮助推进产品设计优化，使该功能被优化安排到显眼位置，从而大大减少用户咨询。这是一个典型的相得益彰的案例。但呼叫中心常常由于类似的简单问题没有被准确记录，问题可能永远不会被重视进而长期得不到解决。所以问题记录率是后续行动的基础。这个记录率指标不难跟踪，把呼入量和问题记录量进行对比就可以计算出来，以减少不记录、漏记录的现象。

第二，记录准确性。准确性和记录率有同样的要求，在我们前面谈过的问题逻辑树中，只有逻辑树的分支分类选择准确，问题才会被正确归类和进入推动改进的监控过程。如果用户提问的是 A 类问题，结果座席记录到 B 类中，A、B 类别问题的分类数据就会错误，导致系统改进的数据不完整。

第三，问题解决率。解决用户问题是呼叫中心的核心任务。很多呼叫中心在用户心中的形象是“服务态度很好，但不解决问题”。用户问题得不到解决，呼叫中心再高的接起率，得分依然是0。用户问题的状态跟踪解决就是呼叫中心需要关注的。呼叫中心的CRM系统都支持问题的跟踪，一般工单状态包含Open（打开）、Update（更新，多次咨询有Update1、Update2）、Solved（解决），Closed（关闭）、Escalate（升级处理）等状态。每一个状态都准确记录，那么用户问题自然会得到跟踪和解决。用户问题如果没有解决并且反复来电，座席应该使用Update状态来标记沟通时间，如果工单24小时或者48小时没有进展，这个订单应该被重新提出，进入待处理队列，而不是用户不再来电就让它沉入海底。用户咨询问题沉入海底是很糟糕的用户体验，用户早晚会想起来，然后对服务冠以不负责任的帽子。如果问题没有在承诺的时间内得到解决，需要主动联系用户告知进展，必要的话就升级处理。这种主动回访用户告知进展的态度，会给用户带来很好的体验。不少呼叫中心的做法是，态度永远很好，问题永远不解决，祈祷用户别再来找自己，掩耳盗铃。

所以，客服中心正确的做法是，想方设法抛弃和减少那些形式化的过程管理的KPI，以解决用户问题为目标，这才是呼叫中心核心的、唯一的目标，也是提供良好用户体验的基础要求。

当然呼叫中心的效率提升和成本降低，依然是主要的管理KPI，包含合理安排人员提升排班效率，对业务进行有效预测来匹配座席。但这些KPI不属于用户体验改进方向的KPI，这里不再赘述。但这里有一个很有意思的现象，就是如果客服中心提升了用户问题解决率会引起正循环，把每一个用户问题都在第一次咨询时解决，客户二次三次呼入的无用呼叫量会越来越少。还有，座席如果把问题准确记录，推动前端改进，如在公众号、多媒体宣传平台上主动宣传用户常见问题，或者把用户需要了解的信息提前传给用户（如关键物流节点的提醒），这些工作不仅可以提升体验，还会大大减少用户咨询量，都会间接降低呼叫中心成本。釜底抽薪，做对的事情，解决好用户问题，用户重复咨询和投诉越来越少，客服中心的成本自然降低。

最后，针对用户体验话题，谈一下智能机器人在客服中心的使用。

企业引入机器人的目的往往是降低呼叫中心成本，所以近些年随着 AI 技术的发展，很多企业的语音和在线客服中心都引入了机器人座席。而且这些模仿人类的“东西”声音越来越自然，以至于用户经常接起电话的前几秒里没有发现客服是机器人，所以有时用户会认真地对话。但当用户说了半天话，才发现对面是个机器人的时候，第一感受是自己不被尊重，用户体验瞬间跌到谷底。在 AI 客服领域，招商银行的机器人服务大家可以参考。招行 AI 机器人在第一句就告诉用户自己的智能语音助理身份，这种主动告知用户的做法会让用户感受到被尊重。AI 技术不是不能用，而是怎么用更好，让用户舒服。客服 AI 机器人比较适合用在查询型服务和快速解答常见问题上，但是不要因为某一类问题的 AI 机器人使用提升了效率，而盲目地复用到所有服务类别。AI 机器人客服技术还是初期阶段，让用户感受到受尊重是服务的基础，否则那些 AI 机器人帮助企业节省下来的成本，根本无法覆盖由于机器人造成的差体验而失去的用户的召回成本。

我们一直在强调用户体验、私域运营、服务和营销的密不可分。如果企业把服务中心从成本中心逐步转型为利润中心，企业还会选择用机器人去降低成本吗？还是提供更好的服务来换取客户复购和终身用户？

3.5.3 用户体验指示器——从 CSI 到 NPS

如何判断我们的工作成果，大家会不约而同地想到 KPI，即关键绩效指标考核法。我们前面也讨论过对 KPI 的看法，不合适的 KPI 对用户体验有害无益。因为实操中员工对 KPI 经常上有政策下有对策，导致 KPI 制造了一堆现象数据，而把真实的用户体验掩盖掉。用户体验作为全公司都应该关注的指标，我们用哪个 KPI 指标来衡量它？本节讨论用户体验常见的两个 KPI：CSI（Customer Satisfaction Index，用户满意度指数）和 NPS（Net Promoter Score，用户净推荐值）。

CSI 作为用户满意度指数，这个 KPI 几乎每个公司都在用。CSI 作为主要的对用户回访、调研的工具，应用非常广泛。我们先看一下 CSI 是如何运作的。

CSI 打分从非常满意到非常不满意分为 5 级，一般 1 代表非常满意，

2 代表满意，3 代表一般，4 代表不满意，5 代表非常不满意。调查问卷发出的方式多种多样，有语音问卷，也有短信回访或者 H5 页面的满意度收集。例如很多呼叫中心会在对用户的服务结束后，语音引导用户进行评价，用户通过电话按键的方式对此次服务进行打分。相信大家都接触过这类打分操作。也有公司进行商品和服务的回访调研，在用户收到商品 3 ~7 天发出短信问卷进行调查，来获取用户对于商品和服务的满意度。

CSI 一般有一个整体满意度得分，然后根据不同的产品和服务，可以分成不同的具体项目的满意度。比如电商平台，典型的 CSI 有商品 CSI、物流 CSI、服务 CSI、售后 CSI，等等。有时 CSI 调研的目的可能针对某些具体项目进行优化改进，可以拆分成进一步细化的调研项目，如一件电子产品的 CSI 调研还可以细化分为产品外观 CSI、功能 CSI、稳定性 CSI、包装 CSI，等等。

CSI 在应用初期是很好的评价用户对商品和服务满意度的打分工具，可以相对客观地体现出用户对于商品和服务的满意度。但是近年来随着竞争加剧，很多企业开始加强服务质量的考核，KPI 指标不断重压，导致了 CSI 数据收集出现了 KPI 共有的问题。于是有的员工使用各种技巧来达标，比如为了拿到更好的 CSI 得分，座席有很多小技巧，服务完后对用户说，"稍后请您按'1'后挂机"；还有的座席觉得用户可能本次不满意，就不邀请用户进行评价，先行挂机，导致结果数据无法客观反映用户满意度。CSI 使用中还有一个弊端，就是被动满意，如用户不评价就是默认好评，或者有时被座席邀评给出好评，等等。有时用户比较善良，即使心中不满意，也不会主动给出差评，导致数据和事实可能偏差很大。

更重要的是，用户的满意度和用户体验之间并不是画等号的。用户满意往往主要是针对单次服务的，而用户体验的评价具有全局性。从行为效果上看，用户满意一般不会带来主动传播，用户满意等于问题结束。而好的用户体验带来的可能是用户的忠诚支持和对品牌的主动传播。CSI 用户满意度指标更多聚焦在用户满意上，而不是聚焦于用户体验的度量上，所以建议企业使用 NPS 来更好地衡量用户体验工作的成果。

NPS是由贝恩咨询公司客户忠诚度的创始人弗雷德（Fred Reichheld）首先提出的，后来被Apple、IBM等国际公司广泛使用。NPS和CSI有什么区别呢？CSI调研主要问用户对此次服务是否满意，NPS主要问用户是否愿意把产品或者服务推荐给他的亲朋好友。我们可以从中感觉到差异。其中最大的差别是CSI是被动答复，而NPS是收集用户的主观意愿。显而易见，用户自己满意不等于愿意主动推荐给别人。如果一次服务或者某个产品的体验超出自己预期，一般会让用户喜出望外，用户才有可能主动向亲人、朋友诉说。iPhone 1发布之前几个月就引起了大量“粉丝”的轰动，当时很多人并不知道Apple要出手机。但首批知道的“果粉”已经在朋友中到处传播、主动宣传，可以看出一个超级用户体验的产品有多大的广告传播力。在2010—2011年，Apple在美国的NPS调研得分高达72分。看数字大家可能觉得不高，因为很多行业CSI可以达到90%以上。但是对比其他电商的NPS得分，我们就知道这个得分有多高。中国品牌评级权威机构Chnbrand发布了2021年C-NPS（China Brand Power Index，中国品牌力指数），第一名是华为以27.8分排在榜首，综合电商第一名是京东，得分只有21.8分，第二名苏宁易购得分为20.3分，冰箱中松下NPS第一名21分，第二名海尔19.7分。

NPS如何使用？如何来收集反馈和计算用户的得分？下面进行简单介绍。这个指标的获得包括3个步骤：

第一个步骤是合理的提问：您有多大可能将我们的产品（或服务）推荐给你的亲人和朋友呢？

第二个步骤是打分体系：0～10分评分，10分代表非常愿意推荐，0分代表不可能推荐。

第三个步骤是得分计算：0～10的得分分为3个部分：

（9～10分）推荐者：非常乐于推荐。这些人热爱你的产品或服务，并且很可能把产品推荐给潜在的买家。给你打9或10分的用户是重复消费用户，并且具有很高的用户终身价值。

（7～8分）被动者：一般或被动。那些给你打7或8分的人满足于成为你的用户，但如果他们找到更好的产品，有可能转向你的竞争对手。

（0～6分）贬损者：不会推荐。这些人对你的产品或服务不满意，很可能通过与他们的朋友、家人和同事分享他们的负面经历而损害你的品牌声誉。

（注：NPS得分=推荐者百分比－贬损者百分比）

NPS与CSI相比，可以很大程度上区分出在CSI中的被动满意者。因为被动满意者在这个NPS打分体系中往往给出的是中低分，少有给出9～10分的。所以这个体系就可以更加准确地提供用户主观意愿喜欢推荐的得分。只有真正打动用户的产品和服务，提供了超出用户预期的优质体验，才有可能获得用户的主动推荐9～10分。

从宏观看，NPS所调查的不同于CSI的还有，它把用户集中在对产品或服务的整个体验上，而不仅仅是最近一次的服务或者遭遇，这可以帮助我们对自己的产品和服务在用户心中的整体评价有更深刻的理解。

此外，NPS还可以深入下去通过访谈的方式来探究用户问题的本质，比如，用户为什么给了9分而不是10分。9分用户的访谈可以很好地为用户体验的继续改进提供帮助。

随着大家从对用户满意度的追求到对用户体验的追求，NPS也越来越多地取代了传统的CSI用户满意度调研。从2010年后，越来越多的中国企业开始引入NPS来对用户体验进行深度调研。国内应用NPS较早的公司是招商银行。从宏观数据上分析，我们常可以看到NPS得分与用户复购有着非常直接的联系，当然还有高NPS带来的新用户几乎是零成本的。

图3.4、图3.5是一些国内公司NPS调研的应用截图。

感谢你加入阿里云生态伙伴大家庭，为了更好的完善阿里云生态，希望您将使用生态产品业务的感受和建设告诉我们，我们非常重视您的意见，期待您的参与！

1* 您多大可能会推荐周围朋友加入阿里云生态合作伙伴？请用0-10分评分（0分表示肯定不会推荐，10分表示肯定会推荐）（横向单选）

	0-肯定不会推荐	1	2	3	4	5	6	7	8	9	10-肯定会推荐
推荐程度	○	○	○	○	○	○	○	○	○	○	○

图3.4 阿里云生态伙伴平台满意度调研

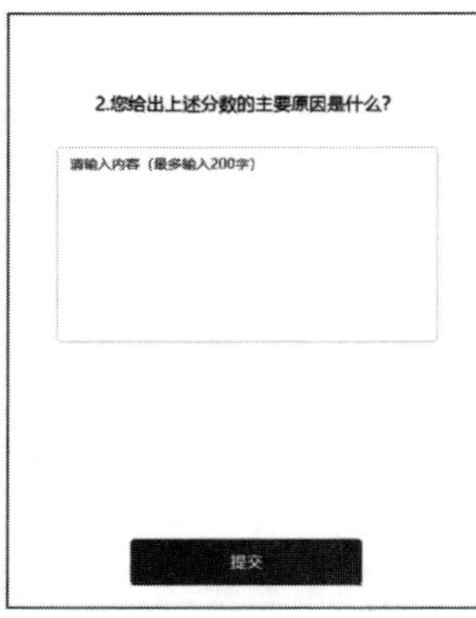

图 3.5　某酒店 NPS 调研问卷

3.5.4　他山之石可以攻玉——用新科技提升用户体验

他山之石可以攻玉。在传统业务中，新技术的引入常常有出其不意的效果，不仅可以快速解决行业痛点，也可以给用户体验带来巨大的提升。传统企业缺少的仅仅是对新技术成熟度的了解和跳出舒适区的勇气。

本节将分享两个案例，主要是与新技术的引入和用户体验提升有关。这两个案例会让我们体会到新技术带来的变革能够给企业带来多少益处。两个案例都是来自海尔互联网转型项目的真实案例。

第一个案例，是 LBS（Location Based Services，基于定位的服务）技术在售后服务中的应用。这个案例中 LBS 的应用给售后服务用户体验带来提升的同时，也有效降低了企业对供应商诚信管理的成本。在 LBS 的应用中，典型有外卖服务、打车服务、代驾服务，等等。LBS 在传统的家电行业售后服务中如何使用呢？效果如何？

先看售后服务用户体验方面的改进。在传统家电售后服务过程中，工程师不能按约按时上门是一直居高不下的投诉。行业标准中家电售后服务都是以天或半天为单位进行预约的，上午可约下午，下午可约次日。服务旺季工程师资源排不过来还可能要约到几天后。大多是呼叫中心接收用户需求，安排任务给各城市服务中心，然后服务中心安排工程师和用户具体约定上门时间。这样的情况下，灵活度很低，一些简单快速的维修，也没有办法提供快速上门的服务。引入LBS技术以后，用户通过App或者小程序公众号，提交维修需求，系统会自动匹配附近距离较近的工程师，根据他的工单排期进行任务调派。很多服务工单就可以快速解决，不需要等半天或一天，大大超出用户的心理预期。有的维修服务可以一小时内上门。LBS服务还可以很好地管理用户预期，根据工程师的排期情况和前一项任务完成情况预告下一单的到达时间，如果无法按照约定时间到达，系统会通知用户并致歉，减少用户未知的等待，这样也可以有效降低上门时效的投诉率。LBS的引入突破了传统家电维修的用户时间预期，过程信息透明，不仅减少了用户投诉，也提升了差异化服务的竞争力。

LBS的引入还有另一个重要的功能：加强了平台对服务商的诚信管理和成本管理。2018年海尔各服务体系下的服务商8 000余家，注册工程师10多万人，每天的服务工单几十万件。这就难免出现虚假订单情况，原来每个月系统无法关闭的疑似虚假订单都有几十万甚至上百万的待确认服务费。LBS技术的引入很好地解决了这个问题。工程师上门需要进行位置打卡，没有有效定位打卡信息的服务工单会被判定为无效订单，有效减少虚假订单判定难的问题。LBS的引入每月可以减少巨大的服务费损失。

第二个案例是用低成本新技术方案代替高成本的老方案，实际管理效果却比原来更好。

售后服务工程师管理的痛点之一是人证不合一的问题。为了提升服务质量，海尔要求对每个服务的工程师都进行封闭培训，培训后发服务资格证书。冰箱、洗衣机、空调等不同体系发不同的上岗证书。而对于服务网点，如果要拥有某大类电器维修授权，就必须拥有一名以上的持证工程师才可以申请。开始的时候服务网点服务商都按照标准流程执行，但是由于工程师的流动性比较大，有可能今天还在这个网点，明天就跳槽或者自己开维修店去了，导致的结果是某网点实际就可能失去维修授权。但有的服务商为了继续接单，就会招聘没有上岗证的工程师，冒用原来工程师的上岗资质来提供上门维修，这不仅无法做到服务标准化，实际的维修服务能力和服务质量也不可能做好，常引起用户投诉。

引入新技术之前，平台是如何解决的呢？解决方案是身份证打卡。为了验证授权工程师的状态，平台要求授权工程师每天用身份证在服务网点打卡一次，提交平台。结果是上有政策下有对策，试运行期间发现，授权工程师一旦辞职，服务网点会把工程师的身份证留下来，安排员工每天用这个身份证打卡上报。而身份证打卡机的投入成本每台1700多元，如果覆盖大部分服务商，需要近千万的预算，结果还是不能很好地解决这个问题。

新技术解决方案是引入人脸识别。引入人脸识别后，全年的成本预估20万元左右，完全解决了工程师和上岗证不一致的问题，而且也可以有效识别工程师的身份和行为记录，真正做到人证合一，在售后服务过程中让用户更安心，为售后服务质量和用户体验保驾护航。

除了LBS技术和人脸识别技术，还有很多互联网技术和AI技术、大数据技术的应用，对用户体验的提升都有着革命性变革和跃迁。比如今天我们已经习惯的二维码，就是对传统支付体验的一种最大提升。当然新技术的每一次应用，都是需要深入分析和考究可行性的，不能为了引入而引入。例如智能客服机器人的引入，初衷为了提高效率、降低成本，于是企业纷纷引入智能客服。有的企业甚至把人工服务入口藏得很深，导致用户在需要服务的时候找不到人工服务入口。用户投诉无门导致很差的服务体验。因此企业必须清醒地认识到，新技术可以是良药，也可能是毒药，在什么情况下可以使用要根据业务情况做出判断。这里同样需要以用户体验的评估为基础，而不是仅仅为了降低成本和用新技术来讲故事，却忽略了用户体验。

3.6　用户体验之势

3.6.1　专业的团队——打造极致用户体验

传统公司的组织结构和部门设立大同小异，但也会随着竞争和业务调整衍生出新部门。比如互联网公司中的运营就是典型的新职能核心部门。随着企业对用户体验的重视，很多公司也开始着力搭建专门的用户体验运营部门。实操中大部分用户体验运营部门往往是从客户服务部门分裂和衍生出来的，因为服务部门解决用户问题的同时，也要总结和避免同类问题的重复发生。这些被动的、用以减少投诉的工作就推动形成了用户体验运营部门的原型。不少品牌公司发展过程中也会设立专门的用户体验研究岗位来打造品牌竞争力。从网上的招聘信息中我们可以间接感受到用户体验正被空前重视，用户体验相关岗位需求越来越多。

一个企业要不要成立用户体验运营部门？在企业发展的什么阶段设立用户体验运营部门？

回到用户体验的“道法术器”，如果一个企业在创立初期已经有很好的用户体验基因，那么自上而下从创始人到每个职能部门都有着对用户体验的执着追求，那么这个企业短期内是不需要设立用户体验运营部门的。但随着企业快速增长、人数快速扩张、部门不断增多，内部的运转可能会出现各种各样的盲点和问题，这时用户体验运营部门将是很好的润滑剂，弱化部门边界，强调企业用户体验导向的共同目标。一个好的用户体验运营部门，不是单纯解决用户体验问题，更重要的是可以提升整个公司的运转效率，减少职场里诟病最多的部门间“踢皮球”“三不管”等问题。有的中大型公司面临业务转型或者要进行全流程用户体验改进，从而设立以用户体验提升为核心任务的用户体验虚拟组织也是常见的。海尔集团 2018—2020 年的服务流程再造项目，就是一个典型的全流程用户体验提升和流程变革的大项目，全公司各部门参与项目的虚拟团队多达 300 多人次。

用户体验运营部门有时与审计部门有点类似。一个公司正常健康运转可能不需要稽查部门监督和审查，同样一个公司如果每个员工、每个部门都注重用户体验，那么用户体验运营部门存在的价值也不大。曾经有这样一个公司，发展迅速，几千人规模，但是因为老板不信任外聘的职业经理人，就单独让亲戚牵头组建了一个稽查部来监督各个部门的运作。结果稽查部大权在握，对不懂的业务却反复挑战，最后业务部门只能一心想着怎么应对稽查，工作效率大打折扣，甚至人人自危。所以企业首先要明确的是，用户体验监控不能走歪了。用户体验运营部门绝对不是东厂，不是老板的眼线，不是给业务部门找麻烦挑刺的，而是应该像顾问一样，帮助业务部门发现影响用户体验的问题并且推进解决。用户体验运营部门和业务部门的终极目标是完全一致的，就是用户的认可、复购、销售 GMV。

是否要建立专门的用户体验运营部门，企业可以从这个部门的作用考虑，根据公司是否有这些待解决的问题来决定。用户体验运营部门的功能有两个方向：被动修正与主动优化。

被动修正主要以解决当前用户体验问题为目标，有以下职责：

第一，用户体验问题闭环。呼叫中心 KPI 一节说过，很多呼叫中心座席，接到用户问题后第一想法不是如何解决问题，而是如何结束这次服务，因为 KPI 之一可能是接待量。用户满意度不容易短期提升，但是话务接听量和通话时长等这些 KPI 是可以“主动”提升的。呼叫中心用户体验提升难的原因往往是缺少监管机制，即便有监听培训小组，但是也存在部门内左手打右手的问题。还有一个问题是客服中心话语权不够，跨部门推动问题难。用户问题的反复、“踢皮球”、难解决不仅对用户体验有负面影响，对企业运营成本的浪费也是巨大的。用户体验运营部门作为全流程的监督推动者，可以很好地解决这些矛盾，从更高维度来推进用户问题的解决闭环。

第二，用户体验问题的系统化解决。客服中心被定义为用户体验的最后一道防线，用户的投诉在这里得到解决。但如何系统地发现问题和减少用户的同类投诉？用户体验的问题经常不是单一部门的问题而是系统性的。呼叫中心工作以解决用户单个投诉为主，而系统性问题需要更高的视角才能发现。比如某跨境平台的一批货物在海运途中丢失，呼叫中心接到的投诉是物流慢、商品没有及时收到。这对于呼叫中心来说是一个正常的客诉，标准处理方式是帮助用户查找货物，找不到就和用户协商赔偿即可关闭工单。但是用户体验运营部门监控发现短期出现很多同类投诉，在数据分析中发现丢件是来源于同一个批次船运，深究后终于发现了大宗货品物流丢件问题。案例中用户体验运营部门的监控发现问题并为公司减少了后续损失。对于丢件影响的还未投诉的用户，安排呼叫中心进行了说明和主动赔偿，降低了丢件事件对平台口碑的负面影响。用户体验的优化中，以点带面的案例很多，用户体验运营部门的优势在于可以高维度监控分析和系统化地改进，提前发现和预警风险，减少同类问题的发生。

第三，上帝视角的跨部门协调和流程改进。用户体验运营部门不仅需要站在用户视角来系统地推动问题的解决，更需要一个上帝视角来审视公司内部的流程和运作。在实际运营中，企业各部门之间的信息是容易断层和存在盲点的，俗称“三不管”地带。举个例子，A 部门很好地完成了自己的任务，B 部门也很好地完成了自己的任务，但是可能用户的诉求没有得到解决。A 部门认为自己任务完成了，剩下的是 B 部门的事。B 部门同样认为自己任务完成了，剩下的应该是 A 部门的事。最后用户被晾在一边，投诉到 12315，还可能遭到媒体的大规模宣传。如果用户体验运营部门从上帝视角监管这类问题，就能及时发现和解决问题，并避免这类问题的发生。从上帝视角监视和解决这个问题解决方案很清楚。但是由于 A 和 B 部门“身在此山中”，导致用户问题升级，实在不应该。用户体验运营部门的作用是通过调整工作流程和增加信息透明度的方式有效减少这类问题。

很多公司的状况是大家都知道有用户体验问题，但又难以责任到人，难以从根源上解决和改进。用户体验运营部门的建立就像在一台发动机中添加了润滑油一样，推进卡顿节点，让这台机器更加顺畅地运转。

从被动解决用户体验问题到主动创造超出用户预期的体验，是用户体验运营部门的另一个任务。很多产品和服务类的新兴公司，建立用户体验运营部门，研究和打造令用户难忘的产品和服务体验，以此提升品牌口碑、营销传播点和打造竞争壁垒。很多新兴品牌公司设立首席体验官这样的职位，处心积虑地寻找为用户创造超级体验的机会。对新品牌来说，用户体验的用心打造就像春天种下种子，等待秋天的丰收。有时候一个超级用户体验就足以让一个品牌快速传播开来。而大部分情况下，谨小慎微的细节体验也可以让用户久久难以忘怀，让用户口碑传播有了素材。

用户体验运营部门对于处于不同发展阶段的公司会发挥不同的作用，初创公司应该坚持把用户体验作为企业基因打造，有了基础越往后越轻松，短期内不需要专门的用户体验运营部门。而对于发展中的中大型公司来说，对用户体验运营部门的需求可能更像是身体需要淋巴系统一样，帮助身体发现和解决各种毒素和问题，推动问题的解决，保障整个有机体的健康。

因此，用户体验之“势”能否如期到来，与是否设立专业的部门并无直接联系。因为用户体验的理念已经深入企业文化，企业员工始终信奉“服务至上”的宗旨，他们竭尽所能为用户服务，这种“势”将不可阻挡。

3.6.2 良币驱逐劣币——打造用户体验正循环

用户体验有两种循环：一个是用户体验不断优化提升的正向循环，一个是用户体验不断恶化的逆向循环。只是在不同的企业中的不同发展阶段这个循环有时快有时慢，但结果终究会影响到业务发展。正向循环加速企业发展，逆向循环带企业走向深渊。所以企业要不断自我检查，把自己的用户体验循环调整到正确的方向上。

前面讲到“道法术器势”，这个循环实际就是“势”，势起则水到渠成。用户体验正向循环的企业，一旦尝到了用户体验带来的甜头，这个甜头可能是 GMV，可能是用户复购，也可能是口碑，上至老板下到员工都会越发愿意在用户体验上坚守和投入，于是用户体验就越做越好，重视用户体验成为企业的一种习惯。ROI 会越变越好，因为口碑会带来用户，获客成本降低，口碑好复购率自然上升。而逆向循环之势正好相反，企业仿佛走进沼泽一般，ROI 越来越低，获客成本越来越高，各种运营手段效果走下坡路。一旦形成逆循环，就像滚雪球下山很难挽救。

用户体验的逆向循环是怎么产生的呢？我们如何把逆向循环变成正向循环？这两个循环形成的根本原因在于“劣币”和“良币”在平台上的地位。“劣币”驱逐“良币”是用户体验逆向循环不断恶化的根源。这里我们说的“良币”指一切好的东西，好供应商，好产品，甚至好员工，反之称为“劣币”。如果“劣币”势力不断扩张，“良币”被驱逐，导致逆向循环加剧，最后的结果就是滚雪球下山一样的效果。建立和优化“良币”驱逐“劣币”的规则，是我们避免用户体验逆循环、建立正循环的关键。下面我们通过一个真实案例来说明“良币”和“劣币”在一个电商平台中是如何发生作用的。

A 公司有一天负责采销的人员发邮件通知大家，要解除四个供应商的合作，其中包括海澜之家和浪莎织业两个大供应商。用户体验运营部门一脸不解，因为这几家 KA（Key Account，重点用户）都属于行业中商品整体质量很好的商家，为什么会被解除合作？采销部门给的答复是原因有两个：第一，它们的产品动销很差；第二，供应商不配合平台活动按要求降价。这两个看似是很合理的取消合作的理由背后的原因是什么呢？用户体验运营部门深挖以后发现了“劣币”驱逐“良币”的系统问题：

一是平台商品“劣币”驱逐“良币”。这是大供应商商品动销差的真实原因。在平台的几千供应商中，有不少是盗用 KA 图片或使用类似图片来销售产品的，接到订单后从市场上找与图片接近但品质差且价格便宜的商品卖给用户。因为用料差，所以商品采购价格相对 KA 的货低很多，销售价同样也低很多。当用户搜索关注类似产品的时候，可能会看到两个图片风格很接近的商品，或者干脆是同一个图片。“劣币”商品价格可能远低于 KA 的商品。用户从图片无法区分，就会毫不犹豫地购买低价格的商品。但买到手里才发现和图片展示不同，质量和做工很差，然后愤然离开。这类现象直接导致的一个结果是质量好、性价比高的大 KA 的商品动销很差。因为“良币”商品正被那些图片风格类似、价格低廉、质量很差的“劣币”驱逐。用户从图片上无法区分，只是看价格做出购买决定。所以如果平台失察，商品就不断形成“劣币”驱逐“良币”的恶性循环。

二是供应商“劣币”驱逐“良币”。这是所谓的商家不配合活动降价的原因。供应商中也存在“劣币”驱逐“良币”的问题。一方面质量好的商品被同款“劣币”驱逐导致动销差，遵守规则的好商家在平台难生存不得不离开。那么不配合活动降价背后的原因是什么？由于平台供应链能力薄弱，对商品的成本估算缺少经验，大 KA 一般按照行业标准报价供货，比如一件衣服按成本加上利润空间 10% ~15% 供货，而“劣币”供应商的商品因为质量很差、成本低，经常加上 40% ~60% 的利润供货。当平台有大的节日活动时会要求供应商参与活动，共同承担活动营销成本，即薄利多销，但实际上缺少供应链管理能力的采销部门经常“一刀切”，如要求供货全部降价 20%。大 KA 本来设定的利润不多，参与活动最多降低 5%，而“劣币”商家因为早已预留利润空间，积极响应，直接降低 20%，但实际依然保持了 20% 以上的利润，这便成了“听话”的商家。长此以往，不配合降价的大 KA 供应商被采销团队边缘化，被投机的“劣币”商家逐步驱逐。

此外，员工也存在“劣币”驱逐“良币”的问题。这应该算人力资源的工作范畴，但从用户体验角度企业需要清楚发生了什么。上述商品和供应商问题，并不是所有的员工都不清楚背后的逻辑。公司加强了供应链人才招募，后来加入的有不少懂供应链的员工，清楚供应商的报价问题。但当供应链主导还是数据运营主导出现冲突的时候，当质量管理部门和背负 GMV 指标的采销部门出现问题的时候，公司和管理者的态度决定了最终结果。后来者往往话语权相对较弱，还常被冠以“不懂互联网”的帽子。这些员工奋力抗争一段时间后，也发现无力回天，无法改变公司的习惯性思维。逐步放弃抗争。最终结局是懂供应链的员工逐步被不懂供应链却盲信数据运营的员工边缘化，成为被驱逐的“良币”。

最后的结果就是，商品图片好看、价格便宜但质量差的商品动销好，容易成为爆款，但用户购买后就是差评，然后离平台而去。我们经常举例，用户看到的商品照片是“奥迪”车，价格是“奥拓”，这种商品自然容易成为“爆款”，但用户买回家发现是一个“拖拉机”，结局可想而知。更严重的问题是，“劣币”会持续驱逐“劣币”群体中相对好的，因为“劣币”供应商为了更好地出单，就要找同图片中更加低廉的商品供货以保证销量，在“劣币”中变得更劣，恶性循环。

上述案例可能不能代表用户体验问题逆向循环的全部，但是这样的“劣币”驱逐“良币”会让平台上的“劣币”越来越多，直到吞噬所有“良币”。我们如何逆转这一恶性循环？答案是建立和完善运营规则，从解决上述问题的角度分别建立规则，来逐步形成正向循环。

首先，员工的“良币”驱逐“劣币”。要建立员工“良币”驱逐“劣币”的环境，根本上是从企业文化实践开始。一个企业从上至下都注重用户体验、尊重专业，那么正向的声音就不会被压制，懂供应链的人才才有发挥空间。企业无法让员工都做到知行合一，但有了正确的文化和 KPI 引导，员工便会走在正确的轨道上。企业鼓励不同的声音、鼓励尊重专业，而不是供应链经验和互联网经验互相排斥、水火不容。

其次，商品的“良币”驱逐“劣币”。平台需要建立合理的规则，让好的商品不断得到更多的曝光。好商品可能很难直接界定，企业可以从三个关键节点来检测和判断：一是验货上新，二是到仓质检，三是用户评价。从商品的生命周期看，前两者是前置的，非常重要。第三个是后置的，但这是最后的底线。除了在这三方面进行管控和数据分析，还有一个重要的就是平台规则，即好商品流量倾斜、差商品逐步淘汰的规则。这些规则建立好后，好的商品才会不断得到曝光和转化并赢得好的口碑，差商品不断地被剔出平台，减少用户负口碑。

再次，供应商的“良币”驱逐“劣币”。成千上万的供应商群体中，投机者一定存在；上架好图片博取眼球，供货时供差的商品或好坏参半获取短期利益的大有人在。怎么办？建立平台商家管理规则，通过大数据技术建立商家信用体系。通过商品的整体表现来累积商家的信誉，这里的衡量因子包含动销率、好评率、质检合格率、发货时效、缺货率等。平台对于“良币”供应商，给予更多的曝光和流量扶持，“劣币”供应商则不断被规则淘汰。想做长期生意的商家，在规则下如履薄冰不敢懈怠。正循环一旦建立，后来者也会自然遵循。这也是为什么亚马逊这样的大平台虽然不直接管理供应链，但是在平台规则下会有直接封锁投机大供应商的魄力，这就是在建立相对公正的“良币”驱逐“劣币”的平台环境。让“良币”商家有生存发展空间。

最后，用户“良币”驱逐“劣币”。用户并不能分成“劣币”“良币”。这里说的是用户的分层。优质用户，即高消费能力群体对价格不敏感，但对商品的品质却是敏感的，而消费能力差的用户群体往往对价格敏感。所以如果平台的用户群体大部分是优质用户，那么平台品牌溢价就会很高，可以持续保持较高的毛利率，价格变化对于转化率的影响就不明显。如果平台上都是价格敏感型的购买能力差的消费者，那么可能价格的细微调整就会直接影响转化率，直接影响了平台的未来业务。所以只有保持商家、商品都处在“良币”驱逐“劣币”的循环下，优质用户才会持续留在平台上，而不是导致最终只留下价格敏感的低消费能力用户群。

作为用户体验的打造者，不仅是要发现和解决用户体验问题，更要善于针对不同的环境建立各种规则，想方设法推进用户体验的正向循环。当用户体验正向循环之势在企业中形成，这个企业的用户体验就会进入自主改进的循环，越来越顺。

第4章 用户体验实战

4.1 用户体验打造——用户预期管理

大多企业的创立发展初期都是野蛮生长的，创立初期活下来是第一目标。随着企业的发展壮大，到一定阶段后又要不断地加强用户体验打造。企业不管何时开始注重用户体验，皆可谓善莫大焉。用户体验是未来长久的生意，如何有目的、有方法地打造用户体验？接下来介绍打造用户体验的一些技巧和方法论。

企业容易走入一个误区，就是把用户满意和用户体验混为一谈。觉得用户体验就是用户想要什么，我们就尽可能地满足什么。长此以往，到头来可能是赔本赚吆喝，结果和目标可能截然相反。

你是否遇到过，为了提升用户满意度，不断给用户提供标准服务以外的附加服务，满足用户不合理的要求，但结果是用户还是不满意，甚至有些时候欲壑难填？

你是否遇到过，对自己公司设计的产品充满信心，早早告诉了周围的好朋友们，众人翘首以盼，结果产品发布后发现很多问题，导致用户体验反馈很糟糕？

你是否遇到，服务人员为了平息用户的投诉怒火，在服务中过度承诺，然后因为某些原因，没有及时做到承诺而再次激化用户矛盾，造成二次投诉？

……

以上几个典型的问题企业服务中都可能遇到。满足用户需求不是用户满意的基础吗？当然不是。因为企业面对形形色色的用户，面对不同生活背景和经历的用户的需求，是不可能全部满足的。用户体验设计的任务是如何用一套通用的标准来打造用户体验。核心方法之一就是对用户的预期进行有效管理。企业如何有策略地进行用户预期管理，并在此基础上打造超预期的用户体验？需要遵循以下 4 个步骤：

第一步：目标用户分层。

目标用户分层，就是要清晰地了解不同目标用户群体的需求。任何用户体验打造的第一步，一定是了解用户群体。不同年龄、性别，不同教育程度，甚至不同区域的用户，需求差异是巨大的。即使某些外部属性（如区域、年龄段）完全相同的用户，也可以从纵向进行多维度分层。例如同一个城市的同年龄段的用户群体，也可以分成价值敏感型和价格敏感型两个群体。有的用户更在意商品和服务的品质、情怀、品牌等附加价值，而有的用户更在意商品和服务的基础功能和价格，即性价比。这两者的用户体验打造方向是完全不同的。以某知名出行平台为例，平台运营对用户的补贴政策的逻辑是不同用户群采用不同的补贴策略。对于价值敏感型用户减少补贴以降低运营成本，因为对这些用户补贴 10 块钱，用户没有感知，也不会因为没有这 10 块钱补贴而少打一次车，因为他们是需求导向，对价格不敏感。然而，价格敏感型用户群体只要有优惠券补贴，转化率就会直线上升，从坐地铁转而打车。所以，对价值敏感型用户，需要提升产品品质、服务品质，做精细化服务；而对价格敏感型用户，可以直接用优惠券活动撬动。相比较而言，对价格敏感型用户过多的司机礼仪、仪式感的东西反而没有太大必要，还会给这些用户群造成过度服务的“心理压力”。有些司机西装革履提供标准化服务，价格敏感型用户不仅不会享受这种服务，可能会想，这些服务是不是都是服务成本需要我付费呢？典型的价值、价格分层的场景还有电商平台，在活动运营中用户分层策略更加明显。价值敏感型用户不太在意优惠券，而更在意产品本身的质量、品牌保障、售后服务方便性等。而价格敏感型用户，对于优惠券的使用率高很多，也更在意低价和性价比。所以，用户体验打造的第一步就是深度了解用户群，并且把用户群清晰地分层分组。分组越准确，后续才能够更有针对性地提供差异化的服务和政策来打造差异化体验。如果在服务中出现用户分层和对应商品和服务策略不匹配的张冠李戴问题，那么用户体验打造结果可能会起完全相反的作用，弄巧成拙。

目标用户的分层宏观上有两种方式：一种是基于行业经验，一种是基于数据累积的表现。大多电商平台用户分层依靠数据积累，如用户客单价、件数、消费频率、用户贡献值、用户评价、用户投诉等。但在企业发展初期，有些时候无法准确分层，这就需要行业经验，对目标用户的年龄段、区域特性有一定的了解。如一、二线城市用户的需求和三、四线城市用户的需求可能是截然不同的。对于用户群体需求的了解，要多方位调查，获取经验积累，总结用户需求模型。总之，做好用户体验打造，对用户分层是基础工作。

第二步：了解行业平均标准（公共锚点）。

心理学中有一个著名的锚定效应（Anchoring Effect）。所谓锚定效应是指当人们需要对某个事件做定量估测时，会将某些特定数值作为起始值，起始值就像锚一样制约着估测值。在做决策的时候，会不自觉地给予最初获得的信息过多的重视。通俗一点说，就是当人们对某件事、某个商品、某个服务做价格或者质量估测的时候，其实并不存在绝对意义上的好与坏，一切都是相对的，关键看你如何在他心中定位基点。这个基点定位就像一只锚一样，它的位置定了，用户心中的评价体系也就定了，用户认定的好和坏也就评定出来了。

通常而言，用户在判定好坏的时候受既有经验的影响很大，同时又会受到周围亲戚、朋友、同事的影响。每个用户都有自己的人生经历，比如使用产品和接受各种服务的经历。有些产品和服务即使没有接触，也可能从朋友那里听说和获取到经验信息。所以人们心中对于行业服务都有一定的基准认定。比如大多数家电售后服务上门时间都是上午打电话约时间，下午或者次日上午上门维修；大多数快递时效都是同城可以做到次日达，省内不同城市 1 ~ 2 日可以到达，等等。这些都是人们心中行业通用的基准，我们称之为“公共锚”。企业要做的是清晰地了解自己行业的平均标准，也就是了解用户心中的行业服务水平的“公共锚点”是什么。同样一个行业中处在不同层级的用户的“公共锚”又可能不同，如价值敏感型用户和价格敏感型用户，由于他们经历的产品和服务不同，对于好货标准的这一“公共锚”的认知可能就不同。

了解了行业的平均标准就了解了用户心中对于服务期望的“公共锚点”。有了这个基准点后，企业需要思考如何在这个行业基准上，进行“好服务”的定义以及如何设定超用户预期的服务。标准是，低于这个锚定点用户大多是不可能满意的，高于这个锚定点，用户大多会满意。需要注意这个“公共锚”不是一成不变的。随着社会信息化水平的提高，用户获得信息越来越丰富，用户心中“好服务”的标准也会不断提升。有时“公共锚”也可能被拉低，比如用户接受了一次不好的服务，这时候企业即使提供了标准服务，和前面一次糟糕的体验相比，用户也会感到超出预期。

第三步：管理和降低用户预期（私有锚）。

用户在心中对于接受的商品和服务都有一个行业平均值的“公共锚”，这个“锚”也是接下来用户判定商品和服务好或不好的基准。每个用户由于掌握的信息和经历不同，这个锚点的位置也不同，而且用户接受同行业每一次的服务体验，可能都会影响到这个“公共锚”的位置。但如果长期不接受这个服务，这个“锚”就可能变得淡化模糊，取而代之的是受周围朋友口碑的影响变大。比如朋友告诉你，刚接受了某某公司一次上门维修服务非常专业，这时用户心中的“公共锚点”就会升高，反之会降低。

在用户体验打造中，管理和降低用户预期是很重要的技巧。虽然这里有“投机”成分，但是这对于用户体验打造有重要意义。企业之所以要管理用户预期，最重要的意义是防止出现“出力不讨好”的问题。有时企业投入了比行业高的成本提供服务，结果用户并不买账。其中的可能是在用户接受服务前被企业给予了过高的预期，企业不小心自己提升了用户的“公共锚”的位置。过高的预期就意味着对产品和服务有更高的要求，一旦达不到要求，这个服务就成了一般的用户体验。我们想打造超预期的体验都需要先降低用户预期，至少不能提前给用户过高预期。这就需要在服务前对用户进行“私有锚”的设定。可能有以下几种情况：

第一种情况，用户了解行业服务基准，心中有“公共锚”。这种情况下，企业应该先了解用户的“公共锚”情况，然后和自己的服务标准进行对比，如果企业的标准已经高于用户的“公共锚”，那么可以直接为用户提供服务。在服务过程中，可以继续强化用户对于行业平均水平“公共锚”的认知，同时在用户心中种下企业自己的“私有锚”的高标准。在这样的超出行业平均值的基础上提供服务，用户很容易认可并对服务加以赞赏。

第二种情况，企业的服务和用户心中的“公共锚”接近。怎么办呢？在给用户提供服务之前，尝试降低用户的“公共锚”或者给用户设定一个临时“私有锚”。在服务时间约定上，降低用户预期的临时“锚点”非常常见。如果售后工程师约好上门维修服务时间是下午，用户 12 点后就开始在家中等待，时间稍微一长用户可能就开始着急。如果我们 2 小时内可以上门，但对用户说 3 小时内可以上门，这就给用户心中置入一个临时的低预期“锚点”。这时工程师如果在 2 小时内上门，用户就会对于这个高于“私有锚点”的服务感到满意。虽然这种给用户尝试置入“私有锚”有一定的取巧，我们不能指望用这个方式来提升多少用户体验，但可以有效管理用户预期。置入临时的低标准“私有锚”是降低用户投诉的有效方式。但事实上很多企业和服务人员会在这个环节进行相反的操作，在用户着急的时候进行过度承诺，不小心在用户心中置入了一个高标准的“私有锚”，给用户很高的期望，结果没有做到，导致用户体验的进一步恶化。比如用户着急催促的时候，工程师告诉用户说 2 小时内肯定到，结果 2 小时一旦超出几分钟，用户心中就会有“被欺骗”的感觉。所以给用户置入一个低标准的“私有锚”对减少用户负面情绪很重要。企业和服务人员在自我审视后做出低于自我能力的承诺，可以有效减少差用户体验和投诉的发生。

第三种情况，用户心里并没有较明确的“公共锚”。比如用户长期没有接受同行业的服务，对于“公共锚”已经淡化，或者用户接受的是新的产品和服务。这时我们可以类比同行业设法将“公共锚”先传递给用户，避免用户自我认知中的过高预期。如果不做传递，用户很可能会以其他行业中最好的服务作为该服务的“公共锚”，这样企业就很难达到用户预期。如果企业事先传递了行业标准，在用户心中设定了“公共锚”，然后在此基础上提供稍微高于行业标准的服务，就很容易超出用户预期。

不论是“公共锚”的传递强化，还是临时“私有锚”的设定，都是为了管理和降低用户预期，减少企业服务过程中“出力不讨好”的事情发生。用户体验打造的目标不是控制用户体验，而是打造超出用户预期的体验。持续输出高于用户心中“公共锚”基准的产品和服务，保持行业用户体验引领是用户体验运营的使命。反过来说，一个企业的产品和服务一定不能低于用户心中的行业“公共锚”标准，否则即使再多地置入低标准“私有锚”也都是投机取巧，无法获得好的用户体验和口碑。

第四步：超出用户预期（新锚点）。

管理和降低用户预期从某种意义上说，是节约成本打造“好体验”的“投机”行为，最终用户体验之道还是需要超出用户预期。了解了行业以及目标用户心中的“公共锚”标准后，企业要做的就是打造一个比“公共锚”标准高的产品和服务，并且不断地把这个高标准传递给用户，以此来打造用户心中企业品牌的“新锚点”。比如家电售后维修服务时间的“公共锚”，行业标准是上午预约下午上门，下午预约次日上门。海尔在2019年的“新服务”差异化打造上，引入LBS技术，同时改造“带备件”流动服务站（车）模式，在一些大城市可以做到1～2小时上门，完全超越用户心中“公共锚”标准，在用户心中建立起行业“新锚”。京东物流也同样打造了超出行业“公共锚”的快递时效标准，在有本地仓的城市，可以做到上午买下午到，下午买次日上午到，这对用户网上购物快递速度这一“公共锚”的冲击很大。有两种电商购物时效，一种叫京东，一种叫其他。在用户网上购买的物品着急拿到的时候，第一个想到的是京东自营。这就是“新锚点”对“公共锚点”的用户心智冲击。企业做用户体验就要不断在行业平均标准上建立自己的“新锚点”。“新锚点”不仅仅是在打造用户体验和品牌口碑，还会间接地提升用户心中“公共锚”的标准，使原来符合“公共锚”标准的竞争对手，降低到“公共锚”标准以下，打压竞争对手的用户体验。长此以往，竞争对手在用户心中逐渐被归入差服务的行列。

用户预期管理不需要多么系统的工程，很多日常小事都可以应用这样的技巧以达到超预期的结果。SONOS 刚进入中国时，某天有个用户打电话到客服中心，说他的 SONOS 电源线被家里的狗咬坏了，但是市面上又买不到，想从公司买一条电源线。因为很少发生这样的事情，公司也没有电源备件。那是否要卖给用户电源线呢？最简单的问题解决方式是用户支付 20 元，公司从工厂快递一根电源线给用户。这样的服务基本上属于行业售后服务的标准，即用户心中的“公共锚”。而 SONOS 的客服如何做的呢？首先座席没有立刻答复用户，而是解释客服中心也没有电源线，需要去申请如何处理，这里也有降低用户预期的部分。15 分钟后，客服给用户回电话，告知虽然没有电源线库存，但客服部门从测试机中挪一条免费送给用户。虽然用户可能不在乎 20 元钱，但是这次服务超出了用户之前心中的“公共锚”，建立了 SONOS 服务在用户心中的“新锚点”。客服中心成功地管理了用户预期并打造了一次超用户预期的体验。也许有人会担心，用户会不会多次索要电源线或提其他不合理要求呢？答案是否定的。利用漏洞薅羊毛的用户毕竟是极少数。客服中心用不到 20 元的成本创造了一次美好的用户体验，虽然无法直接衡量这个成本投入的产出价值，但 SONOS 相信专注用户体验的力量。类似的事情只要对用户体验有利，SONOS 都会给员工充分授权。SONOS 的 NPS 得分一直超过 Apple，也正是靠着对用户体验的不懈追求累积而来的。

4.2 创造用户体验——用户常不知道自己要什么

老亨利·福特说过，如果你问你的顾客需要什么，他们会说需要一辆更快的马车。因为汽车诞生之前，用户根本不会想到还有比马车更好的交通工具。用户体验的打造也经常如此，如果我们问用户想要什么，用户往往都会基于自己的认知做回答。而从专业角度，企业就要用高于用户认知的角度来引领和创造用户体验。本节我们来讲述一个员工生日的体验案例，案例中我们可以了解常规思维和用户体验思维的区别。

用户体验强调企业善待员工，因为企业如何对待自己的员工，员工就会如何对待用户。给员工创造良好的工作体验也是公司HR的任务目标。某公司员工生日福利的预算是100元。人力行政部门一直是这样使用这项预算的：根据每个月过生日的员工数量，购买对应的价值100元的蛋糕卡，过生日的员工会在生日当天收到一个OA电子审批流，让员工去前台领蛋糕卡。这个福利延续了很长一段时间，老员工都习以为常。这个员工体验能否提升呢?

某次HR内部讨论如何提升员工体验。如何让公司的100元花得更值得。有同事建议送花，认为有仪式感，但有一半同事反对。可能与中国人喜欢实用有关，反对者都觉得花没有蛋糕卡实用。但听了用户体验部门的建议后最终方案还是决定送花，后面会解释原因。但接下来又遇到问题，财务部门出来反对，因为财务负责提供资金，他们听说HR要送花就反对，然后建议说应该让员工自己投票，看看员工想要什么我们就提供什么。到这里这个场景是不是似曾相识？企业中如果不专业的人来指挥专业的人，大概率就是这样的结果。从常规思维看似有道理的“让员工自己选”的建议，其实早已远离专业的用户体验的方向。以小见大，企业中用户体验的改革推动又何尝不是如此？常常要面对各种不专业的质疑，顶着压力前行。

假设我们让员工投票，大概率投票结果会选择购物卡或者100元现金，因为简单和实用。但这100元的预算就完全失去了员工关怀的价值。给生日员工发100元红包是最简单的，人力行政又省事。可此时我们要回到前面讨论的问题，钱是否可以买来用户体验？如果给100元红包，这个关怀动作就硬生生地把员工从社会规范拉回了市场规范，结果可想而知。

让我们从头捋顺提升100元员工生日关怀的体验问题，思维过程应该是这样的：

第一，这个事情的目的：让员工感觉到温暖，让员工感受到公司的关怀。

第二，我们的资源是什么？100元预算。

第三，如何用100元让员工过一个难忘的生日？发钱还是发礼物？

第四，从社会规范和市场规范如何看待这100元。如果从市场规范报酬角度考虑，100元不多，要达到出其不意的效果，人力行政部门要想方设法用100元在社会规范内达到用户关怀的目标。

最后人力行政部决定选择鲜花加手写贺卡的方式，相比现金、购物卡、蛋糕卡，大家认为主要有以下优点：

第一，办公桌上的鲜花会给员工带来好心情，鲜花可以放在办公桌上很多天，周围的同事看了鲜花都会开心。

第二，周围的同事都知道你过生日，为你送祝福，加强了部门沟通和凝聚力，也有可能凑个饭局。

第三，安排主管当面送鲜花，加强仪式感。有的部门男上司给女下属送花的时候，略显腼腆还引得大家哈哈大笑，营造团队氛围。仪式感是加强用户体验的重要工具。

第四，很多男同事从来没收到过鲜花，收到鲜花是人生第一次，不管喜欢不喜欢，这个第一次足以成为难忘的记忆。

第五，贺卡由HR同事手写，注明员工入职时间，感谢员工在公司的多少天的付出，更显用心。

第六，员工开心，会晒朋友圈，这也是对公司的一种认可和宣传。试想如果是购物卡、蛋糕卡、红包，应该少有人晒，或者晒了可能是嫌公司小气。

这个方式前几个月试行效果非常好。但是几个月后又出现了执行的问题。HR负责执行的同事私自简化了流程，变成了通知员工到行政中心来领，没了惊喜和仪式感，效果比设计预期大打折扣，幸好被及时发现并进行改正。

该案例也警醒大家，一方面好的体验是需要精心设计的，而不是问用户需要什么，我们就提供什么；另一方面，方案设计再好，如果执行上打了折扣，失之毫厘，结果可能谬以千里。

后来负责薪酬福利的团队又做了升级版生日关怀，用100元预算做出了更大的价值：有书籍+鲜花，有鲜花+小吃，既满足精神需求，又增加了小小的实用性。

站在上帝视角看这个案例，公司的目的不是发100元钱给员工，而是提供员工关怀。而员工关注的其实也不是100元或价值100元的礼物，而是公司的用心。这份用心应该是难以用市场价值来衡量的。希望有一天员工回忆自己职业生涯的时候，男同胞会想到自己人生第一次收到鲜花的情景。这样的员工体验会给员工带来很强的归属感，远超过100元现金的价值。专业的用户体验运营团队应该谨记用户体验目标，然后用上帝视角、专业视角、引领视角去设计和打造用户体验，而不是问用户需要什么，然后简单地满足用户。

4.3 “物”有所值——物料设计的改进

花钱是不能直接买来用户体验的，但恰当的时机、用心的小礼物可以给用户体验加分。不少企业会给用户赠送小礼物来提升“惊喜”和“关怀”体验。市场和运营人员会根据预算“用心”去挑选给用户的礼品或者物料。什么样的礼物合适？本节通过一个案例分解如何“用心”让物料的每一分钱都为用户体验目标负责。

这个物料来自某在线培训机构中英语四六级培训的运营部门。为了宣传四六级培训课程，部门设计了一款专门针对大学生群体的占座物料，如图4.1和图4.2所示。这个“占座卡”市场反馈效果很好，很受学生欢迎，单个成本在 4 ~5 元人民币。

图 4.1　占座物料正面

图 4.2　占座物料背面

大家如何看待这个物料？实用性有了，可以摆在图书馆或者自习室用来占座；功能性也有，可以用来装眼镜或当笔袋使用。从用户体验角度来研究，这个物料是否达标？事实上这个物料还有着巨大的优化空间。企业既然花成本制造了一颗子弹，就要想办法让这个子弹爆发出最大的能量。下面用这个案例来梳理思路，建立一套物料开发的思维框架，让企业的每一分钱为用户体验负责。

任何一个物料的设计都有其商业目的。案例中这个物料的设计初衷是：学生用户愿意使用，如果在教室、图书馆用就会被同学看到，有人看到就会感兴趣或者扫码，扫码即下载 App，可以带来新客，物料的目的达到。

下面使用系统化思维尝试把目标分解，作为市场运营使用的推广物料，主要有几种目的：

第一，用户喜欢，实用，愿意用，作用要尽可能长久；

第二，品牌形象，宣传作用，让目标用户了解我们是谁；

第三，平台运营目的，拉新、传播、转化。

对以上目的内容进行分解，我们来看一下这个物料做到了几分。

第一个是目的实用性，这个从功能性和实用性上看，应该说做到了60分，及格。学生愿意用它来占座，并且可以装眼镜或文具，而且不用的话还可以折叠起来，占用空间很小，这是体验加分项。

第二个是目的品牌宣传，0分。因为没有在任何地方透露出平台品牌名字和图标，除了二维码。用户无法感知这是哪家平台公司，扫码是可以看到品牌信息，但因为需要二次操作，用户可能已经流失。公司的主色调是浅绿色，这个颜色与品牌毫无关系，字体、logo都没有按照品牌视觉标准打造。

第三个是运营目的，70分，有二维码，有文字介绍，有免费资料吸引用户来扫码。基本上有吸引用户扫码拉新的作用，但是不足之处是二维码偏小，而且面向自己，用户从外侧无法看到二维码。

针对以上3个目的，用系统化思维来提升物料设计。如图4.3所示。

先说品牌宣传部分，品牌视觉是对任何一件物料的基本要求。对品牌名称、品牌logo、品牌色系的使用都应该有严格的要求。这个物料上，以上三者都是缺失的，所以首先要把品牌视觉强化，加上品牌名称、logo等品牌关键要素，使用品牌色系。

针对运营目的——拉新、促活，要达到拉新的目的，二维码的大小和位置很重要，应该放在更加显眼的位置，从较远的地方就可以扫描到。文字可以更大一些，以增强吸引力。外观更加个性化也可以引人注意。为促进用户活跃度，可以再加一些针对四六级学习的激励的话，如“今天你背单词了吗?”“每天扫一扫，四六级难不倒”等语句来起到促活的作用，也可以用年轻人的心灵鸡汤语句。对于年轻的大学生群体，物料要持续留存，保持传播效应，对个性化的设计要求很高，所以个性化改进的空间很大。如使表达更符合目标用户群个性，可以用一些搞笑词来代替占座两个字宣示主权，比如“名座有主”“佳人有约”“心有所属”，是不是要比“占座”这两个字直接和个性?

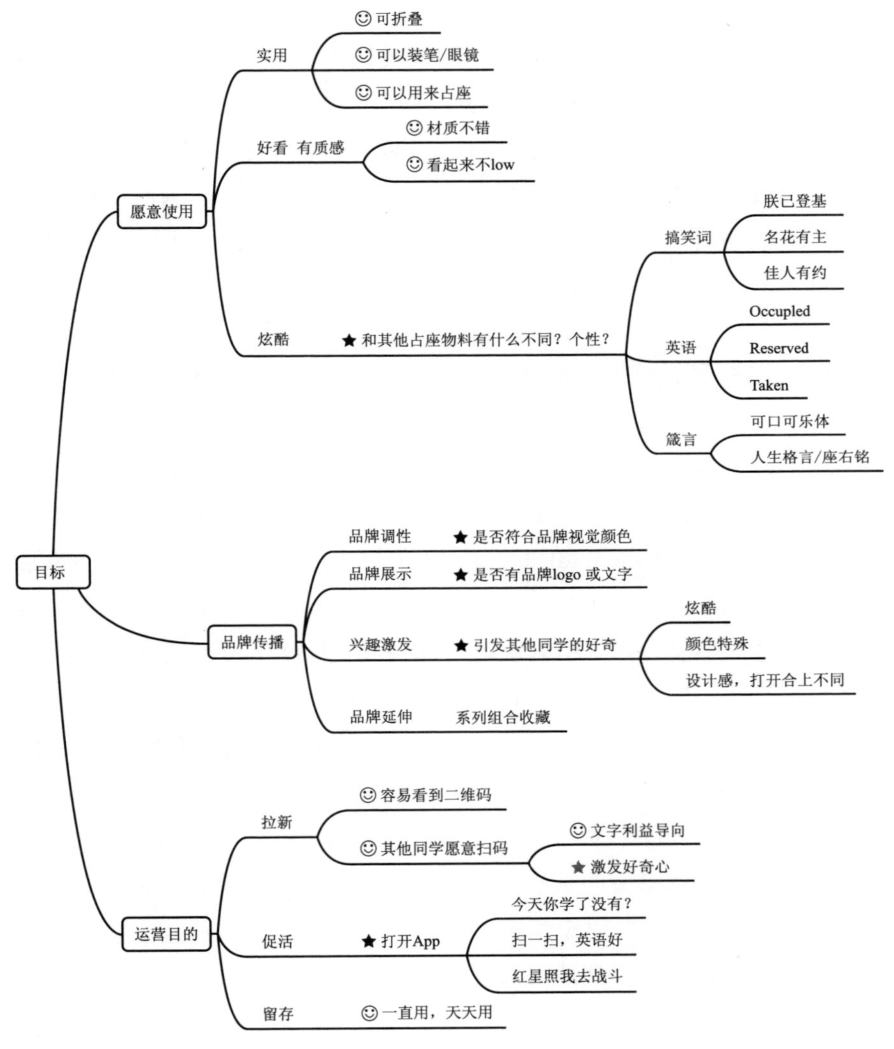

图 4.3　物料改进思维导图

既然是英语培训，还可以用不同的英文单词表达占座，Occupied 算是比较直接生硬的翻译，Reserved、Taken 都可以。也可以用一些搞笑网络流行语来增加趣味性，比如可口可乐体。“世界那么大，我想去看看”“真正的忘记，不需要努力”“明天有明天的烦恼，今天有今天的刚好”“爱情，就是以爱的名义多出好多事情”“不要把来日方长，变成会后无期”“年轻时多出去走，年长后多回头看”“没有完全自由的人，只有真正自在的心”“陌生人分两种，不认识和假装不认识”，等等，这些都可以增加物料个性化的性格，而且物料成本并没有增加。

每一件物料都有它的使命，如何挖掘一个小物料的最大价值，从用户体验的极致追求中可以找到答案。没有100分的物料，只有更好、用户更喜欢的物料。思考每件“礼物”的设计初衷，系统地拆解该物料在不同维度上的目标，才能发挥每一个物料的最大价值。

4.4 产品设计中的用户体验属性——KANO模型

本节给大家介绍一个产品属性和用户体验关联关系的定位、分析工具——KANO模型。东京理工大学教授狩野纪昭（Noriaki Kano）和他的同事高桥文雄（Fumio Takahashi）于1979年10月发表了《质量的保健因素和激励因素》（*Motivator and Hygiene Factor in Quality*）一文，第一次将满意与不满意标准引入质量管理领域。KANO模型设计初衷的核心是质量管理，但学习研究后我们发现，KANO模型中有很大一部分是在探讨超出用户基础需求的用户体验改进。为什么1979年的理论在21世纪用户体验运营中依然有指导意义？这从另一个角度说明，底层用户体验需求逻辑是亘古不变的，只是随着时间的推移其标准在不断提高。本章我们从KANO模型的基础理论出发，来看看如何系统性地分类、定位和优化产品和服务的用户体验。

首先看KANO中提到的满意度的概念。这个部分和我们上一节介绍的用户体验打造四部曲殊途同归。核心是用户期望管理，也称为用户事前期待。基础的满意度取决于用户对企业提供的产品或者服务的事前期待，这个期待可能是行业标准，也可能是用户基于之前类似经历的心理“锚定”。满意度就是这个事前预期与实际（感知）产品和服务效果两者比较后，用户形成的满足或者失望的感觉。如果用户购买后实际消费中的实际效果与期待比较符合，则感到满意；如果未能达到预期，则不满意或者失望；实际效果与预期差距越大，不满意的程度也越大。所以，用户满意度的管理核心就是了解目标用户需求，了解行业标准，管理和降低事前预期，最终想办法增加一些产品和服务的属性来超出预期。

双因素理论和二维模式是KANO的核心，了解了这个核心，就清楚了企业可以增加什么样的属性来提高用户满意度和制造惊喜。

先看双因素理论。双因素理论是用户满意和用户体验分析中的一个重要的理论。理论核心通俗地说，就是产品基础功能与用户惊喜功能之间不是连续的，不是线性累加关系。每个产品和服务，从满足用户需求到用户惊喜之间是有一个分水岭的，这个分水岭就是基础功能属性。假设我们以60分来标定一个产品的必要功能部分，0～60分的功能是必须有的，而61～100分的功能是增值或惊喜。那么0～60分功能的缺少是用户无法接受的，而61～100分的功能是可以有也可以没有的。有了61～100分的部分，用户会觉得惊喜，没有也不会影响用户的基础满意度。如果0～60分的基础功能缺失，那么61～100分之间再高的分值也是无法弥补因为产品或服务的基础功能缺陷导致的满意度缺失的。

举个例子，该理论通过考察员工满意度与生产效率的关系，发现日常工作中员工的满意度分为两种，一种是保健因素（员工基础需求，0～60分的部分），另一种称为激励因素（61～100分的部分）。保健因素指公司政策和管理、技术监督、薪水、工作条件等。激励因素表示工作本身带来的成就、认可、奖励、额外奖金。当基础保健因素具备时（60分）不会增加员工的满意，但是当其缺乏时，则会造成员工的不满。当具备激励因素时（61～100部分）会增加员工的满意度，但是当缺乏激励因素时员工不会不满意。当然，如果提供激励因素，员工体验会有惊喜感。产品和服务依然符合以上关系，60分是产品基础功能，如果60分都达不到，用户根本无法接受，61～100分做再多用户也不会满意。所以我们必须先做到60分，满足基础的功能和需求，然后再谈用户体验、用户惊喜等加分项。比如三只松鼠，再好的包装体验、服务体验，都基于“味道好”这一零食基础属性的体验。如果基础的60分做不到，服务和包装再有质感，为用户考虑得再多，也难以带来用户满意。而且随着市场的竞争压力提升，60 分已经不是用户行业的基准线，而是 70 分，甚至更高。所以单纯做一个基础功能型产品，在市场上已经难以存活，因为用户的要求越来越高。

二维模式。在日常的满意度或者用户体验应用中，我们常常认为满意度和用户体验是一维的：我们做得越多，提供的服务越多，用户会越满意。比如 App 的某个页面，通常认为我们提供更多功能用户会感到满意，所以 App 产品经理总想把更多的功能呈现给用户，以此来提高用户满意度。但事实上有些时候，冗余的新增功能不仅不会提升满意度，还会让用户反感，损害用户体验。所以 KANO 模型认为，并非所有的产品和服务属性对用户满意度的影响都是一维的，很多是二维模式。二维模式认为，当提供某些因素时，未必会获得用户的满意，甚至可能会造成不满，有时候提供或者不提供某些因素，用户体验并无差异。回到实际生产中，高明的生产者实际上更擅长去繁从简，好的产品经理不仅要知道用户需要什么，更需要知道用户不想要什么。

结合上面的双因素理论和二维模式，我们看看 KANO 模型的解决方案。KANO 模型以分析产品服务属性对用户满意的影响为基础，体现了产品服务属性（功能、性能）和用户满意之间的非线性关系。在 KANO 模型中，将产品和服务的属性分为以下 5 种类型：

第一种：必备属性（基础型需求）。

当优化此种需求时，用户满意度不会提升；同时，当不提供此需求，用户满意度会大幅降低。这个属性，也就是我们前面说的 0 ~ 60 分的部分，一个产品如果达不到 60 分，那么用户是无法满意的。这个属性也称为必备型需求、理所当然需求，是用户对企业提供的产品或服务的基本要求。是用户认为产品“应该有、必须有”的属性功能。当其特性不充足时，用户就不会满意；当其特性充足时，用户也可能不会表现出很满意。对于基础型需求，只要稍有疏忽，未达到用户的期望，则用户满意度将一落千丈。对于用户而言，这些需求是理所当然的。比如空调，现在市面上很多智能物联网空调，有很多的功能，但是制冷就是必备属性，如果空调无法制冷，用户的抱怨投诉随之而来不会有任何犹豫，即使再多的智能控制功能都无法解决这个基础功能缺失的负面影响。

第二种：期望属性（期望型需求）。

当提供此需求时，用户满意度会提升，同时，当不提供此需求时，用户满意度会降低。也称为意愿型需求。我们可以在 61～100 分区间分出来 10～20 分给期望属性。期望属性是指在满足必备属性基础上额外增加的部分，是从用户角度来看的，或者是用户期望。就是用户觉得，除了基础功能，如果还支持某某功能就好了，类似这样的需求。此类需求得到满足或表现良好的话，用户满意度会显著增加，企业提供的产品和服务水平超出用户期望越多，用户的满意状况越好。当此类需求得不到满足或表现不好的话，用户的不满也会显著增加。期望型需求没有必备属性要求那样苛刻，要求提供的产品或服务比较优秀，但并不是必需的产品属性。有些期望型需求连用户都不太清楚，但确实是他们希望得到的。典型的案例是国产汽车为了提升竞争力，为用户提供很多进口或者合资车中高配车型才有的装置，比如倒车影像、座椅加热通风、方向盘加热、360 度影像，这些进口车往往在中高配车型上才有的装置，都可以在国产 10 万元左右的车上看到，用较低的成本增加一些打动用户的期望属性，来赢得一些用户认可。对于这类属性的做法，应该是更加了解用户需求，比竞争对手想得多一点。

第三种：魅力属性（魅力型需求）。

魅力属性是用户意想不到的属性和功能。如果不提供此需求，用户满意度不会降低，但当提供此需求时，用户满意度会有很大提升。如果说期望型需求是用户自己想要的需求的话，那么魅力属性就是企业创新引领用户体验。魅力型需求又称兴奋型需求，对于品牌的突破具有非常积极的意义，但对于产品和服务研发来说也是最难实现的，因为往往突破常规认知或者具有开创性。比如苹果的全触摸屏、特斯拉的电车都属于魅力型需求。魅力型需求一旦被用户接受，即使表现并不完善，用户表现出的满意状况则也是非常高的。反之，即使没有魅力属性，用户也不会表现出明显的不满意。从另一个角度说，魅力型属性不仅对当前交易有影响，对于口碑传播的影响也可以持续很长时间。当用户对一些产品或服务没有表达出明确的需求时，企业提供给用户一些完全出乎意料的功能和服务，使用户产生惊喜，用户就会表现出非常满意，从而提高用户的忠诚度，提升传播力。针对此类需求，我们的做法就是去不断寻找发掘，制造惊喜，领先对手。

第四种：无差异属性（无差异型需求）。

无论提供或不提供此需求，用户满意度都不会有改变，用户根本不在意。无差异需求往往是因人而异的，比如北方用户买车时在意座椅、方向盘加热，南方地区的用户可能根本不在意。往往对于一个产品，对某些用户无差异需求会非常多，但有时候在大用户群上的无差异需求又是赢得部分小用户群的小武器。

第五种：反向属性（反向型需求）。

用户根本都没有此需求，企业提供后用户满意度反而会下降。反向属性又称逆向型需求，指引起用户不满的质量特性和导致低满意度的属性，因为并非所有的消费者都有相似的喜好。许多用户根本没有此需求，提供后用户满意度反而会下降，而且提供的程度与用户满意度成反比。比如我们前面提到的过犹不及的用户服务，本意是希望给用户多一些关怀，殊不知最后变成了骚扰。还有一些高科技产品，强调一些高科技功能，不合时宜的打破常规的创新，导致提高了用户使用的复杂度，也会引起用户的不满。

上述五大属性具备程度与产品属性具备程度及用户满意度的关系如图 4. 4 所示。企业可以通过产品服务属性的调查问卷对用户进行随机调查，来获得该属性在用户满意度中的地位。KANO 问卷对每个质量特性都由正向和负向两个问题构成，分别测量用户在面对存在或不存在某项质量特性时的反应。

了解了 KANO 理论后，我们应该清楚，一个好的产品设计，不论是硬件产品还是服务产品或 App 设计，从概念阶段就需要清晰地了解用户需求，分清目标用户群，同时把产品的所有功能、属性、特性进行分类定义，可以对照 KANO 模型进行初步的属性定位。这样在产品开发时，优先级的排序是：必备属性 > 期望属性 > 魅力属性 > 无差异属性，最后

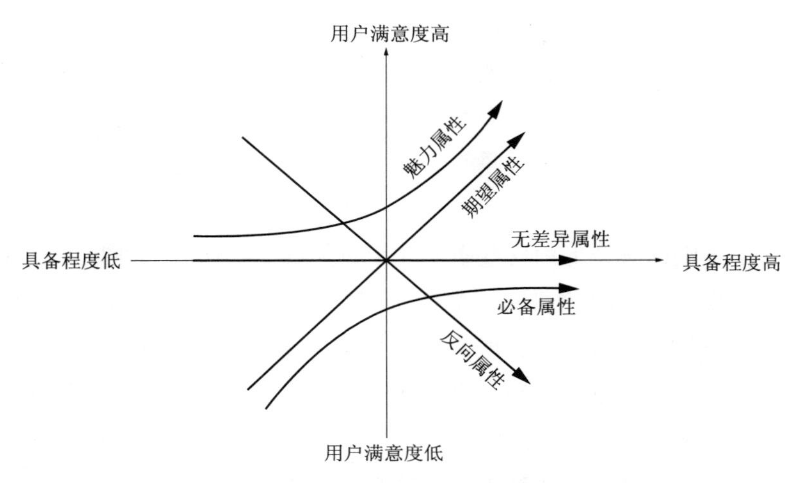

图 4.4　用户满意度的二维模式

减少反向属性。明确哪些是产品基本功能，这些功能少一个，产品就无法进入市场；哪些是用户期望有的属性功能，有了这些属性功能，我们可以更好地满足用户期望，在品类竞争中加持自己产品的竞争力；哪些功能是魅力型需求，可以给用户带来惊喜，这类属性不仅可以提高产品在同行中的竞争力，还能带来用户主动传播，强化品牌效应。当然，关于无差异属性的处理也是重要的，要善于做减法，削减无差异属性，以免带来成本浪费。还有移除那些可能给目标用户带来负面体验的功能属性，不仅可以节约产品开发时间，还能有效地保护用户体验。

4.5　以小博大——峰终定律

听评书的时候，对评书的事件发展什么时候记得最深刻呢？经常听完后很快就把评书先生讲的东西忘得差不多了，能留下记忆的往往有两个地方，一个是打斗最精彩的部分，还有一个往往是评书先生惊堂木一拍，“预知后事如何，且听下回分解”，这句话前后的内容让人记忆深刻。

在春节晚会中，有很多小品和相声，对哪个印象最深刻呢？是不是那个让你笑得最厉害的，或者也可能是最无趣的那个？

再比如，去迪士尼、欢乐谷排队，有时候顶着大太阳需要排一两个小时，又渴又累，那简直是糟糕透顶的体验。但是大部分人往往在刺激的游乐项目后，和大家分享多么刺激和好玩的感受，而一两小时排队带来的糟糕体验在这一刻似乎瞬间烟消云散了，早已忘记了在烈日下排队的焦虑。

如果细细回味，上面这些事实几乎每天都在我们身上发生。心理学对于这类现象有专门的研究，称为峰终定律（Peak - End Rule）。峰终定律是由诺贝尔奖得主、心理学家丹尼尔·卡纳曼（Daniel Kahneman）经过深入研究发现的。峰终定律的结论是人们对自己经历和体验的记忆，并不是平均记忆下来的结果，而是主要由两个因素决定：高峰时的感受和结束时的感受。清楚了这个理论，企业在用有限资源打造用户体验的时候，如果无法在各个环节都面面俱到，不如把有限资源集中在服务过程中的一两个点上，制造峰值和令人难忘的终值，可以让我们的用户体验打造事半功倍。

如图 4.5 所示，峰终定律实际上包含了峰值和终值两个关键值。这两个位置的关键值决定了情绪体验的最终记忆结果。峰值定律表明，在一个事件或服务的持续过程中，峰值对记忆的影响很大，这个峰值包括了正峰值（好的体验波峰）和负峰值（差的体验波谷）。而终值定律表明，一个持续事件如果过程平庸，人们往往对结束时的终值记忆很深刻。

我们先以峰值这个节点为例，研究表明人的记忆受强烈体验或者感情的影响，这些记忆才有可能深刻。相反，一些平平淡淡的经历对我们的记忆影响不大，甚至会很快忘掉。而且随着年龄的增长以及移动互联网带来的信息爆炸，这个定律越来越多地在我们生活中不断被验证。我们回忆的时候，能够记起的往往不是平淡的经历感受，而是在峰值的那个点，那个点可能是兴奋难忘的感受，也有可能是最差的糟糕感受。

人长大后往往对小时候很多事情记忆犹新，小时候老师的音容笑貌、和小伙伴一起调皮的场景经常历历在目，而近几年发生的一些事情反而难以记住。除了年龄增长记忆力减退的原因，还有一个很重要的原因是今天的互联网每天传递给我们大脑的信息是海量的，在这些海量信

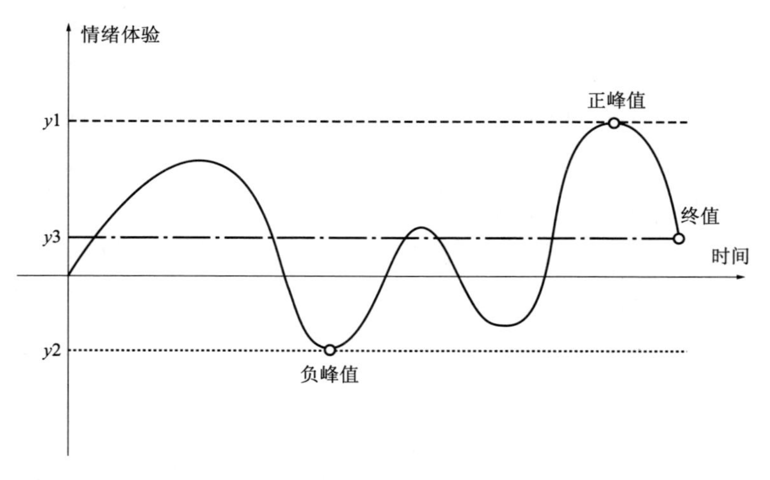

图 4.5 峰终定律

息中，能够让我们记住的，也只有那些非常刺激的情绪或者难忘的事情。而小时候成长过程中很多事情都是第一次，都是刺激和兴奋的。看看今天的各种 App 上的小视频越来越多地灌进人们的大脑，看的时候很热闹，看完能够记住几个呢？而那些让我们主动收藏或者转发的，是不是刺激了你的某根神经，在你的大脑里打造了一个情绪峰值？在信息爆炸的大环境下，想制造用户的峰值体验，也越来越难了。

峰终定律也常被企业用到。企业举办大型活动，活动结束时主办方往往会制造一个小高潮给嘉宾留下深刻印象。试想某个活动结束的时候草草了之，嘉宾一哄而散，那么嘉宾的印象往往是活动组织很差，前面再精彩的活动也被这个终时印象覆盖掉。所以如果在活动组织中想避免差的用户体验，在什么时候送礼物给参会嘉宾最合适？不是嘉宾到达签到的时候，而是活动结束的时候。一个用心的小礼物，一次礼貌的送行告别，都足以给人留下很好的印象。关于峰终定律的使用，我们也常会说到宜家的例子，去过宜家购物的人都知道，宜家在出口的地方，设置了一个很便宜的冰激凌销售点。吃了冰激凌，大多数顾客立马就能把在宜家里面逛时累得够呛的过程忘掉，而记住了最后结束的时候吃了一个好吃的冰激凌。这其实就是宜家很好地利用峰终定律，提升了顾客满意度。

品牌营销也经常用到峰终定律。我们看 vivo 手机的营销案例。如果从产品技术、体验、稳定性看，vivo 的手机和小米、华为相比产品整体体验得分可能没多好。但是 vivo 走了一条弯道超车的路，营销前置。其实这也是在打造一种峰值体验。vivo 每一款主打手机，都有一个和竞品相比明显有优势的功能点，围绕这个功能点反复向用户传递这一个功能 vivo 是最牛的。“超稳微云台”“柔光双摄”，耳熟能详的卖点深入人心。这一营销的底层逻辑就是在每个新产品的卖点上都制造了一次用户峰值体验。

了解峰终理论后，我们就可以在打造用户体验的过程中来主动思考和应用峰终定律。有一些比较通用的方法可以在用户体验中使用峰终定律：

第一种方法：仪式感。仪式感是打造峰终体验重要而有效的方法。实际上这也是最常用的方法，只是人们可能没有把它和用户体验、峰终理论联系起来思考。仪式感是用户体验打造峰终体验的重要工具。大家都参加过很多活动，培训、入职、毕业，等等，主办方会设计很多仪式，如红毯、颁奖、证书、合影、抽奖，等等。是不是大家对这些仪式记忆犹新？年终晚会上的抽奖是不是一个很好的峰值体验呢？缺了这个峰值体验的年终晚会，大家会觉得缺点什么，觉得索然无味。试想培训的过程枯燥无味，但是最终的一个有设计感的证书和有仪式感的结业，是不是让你感觉不错呢？我们经常看到近些年 MBA、EMBA 还会做很多户外徒步运动，如穿越戈壁滩和沙漠的开班或者结业活动。这些都是在打造学员的峰终体验，在让学员难忘的同时，也在对外传递更多的自身品牌价值。生活中，服务好的酒店都会很注重仪式感，比如欢迎水果、欢迎饮品。如果有儿童随行还会送点心和玩具等。离开的时候，酒店还会给你一个小礼物。这些小细节服务是在制造与其他酒店差异化的服务体验，同时也是在用小仪式感给用户增加峰终体验，用户能不给好评吗？

第二种方法：做行业内困扰用户问题的第一个改进者。每个行业都有长期被用户诟病但是一直被忽视的问题。如果能解决这些问题，也可以从用户习以为常中制造一个小峰值体验。还有，在服务上不断做第一个流程优化改进者。e 代驾在用户体验改进的时候，因为很多用户在意车内卫生和整洁，便从用户角度思考体验的改进，所以在行业内做了很多第一。如第一个使用座椅套给用户带来卫生体验。还有第一次在后备箱使用折叠车的放水垫，运营发现在下雨的时候，司机骑的电瓶车经常有泥水，导致弄脏用户的后备箱，所以平台设计了这样的体验改进，解决了用户的谷值体验问题。在竞品用大量资金做武器横冲直撞闯入代驾市场的时候，良好的用户体验给 e 代驾留住了一些老用户。

第三种方法：在流程中的小细节上制造惊喜。这也是单独打造峰值体验的要求。获得好服务口碑的最重要的行业秘密：多数可遗忘，偶尔特漂亮。比如，上门维修的工程师的服务体验打造，可以在时间、礼仪、着装、装备、话术、维修过程、维修后的培训等环节中挑选 1 ~ 2 个进行优化，就可以得到很好的结果。经常听到用户说，这个师傅衣着整齐、工具专业，这些都属于过程峰值体验的范畴。如果服务过程中难以制造峰值体验，在服务结束之前的最后一个印象也非常重要，我们可以在服务结束前，花一点小心思，比如安装维修后为用户彻底整理清扫现场，带走垃圾，都属于服务结束时终值体验的打造，用户往往能比较深刻地记住这次服务美好的结束。

第四种方法：设计结束时刻。我们经常很注重过程中的服务，容易忽略最后的一刻。中国人的智慧很早就告诉我们“好角儿压后轴”，最后的往往是最重要的。比如工作中 PPT 的最后一两页，一定要精彩且有力量，这样才会给观众留下深刻的印象。学习宜家的冰激凌案例，刻意地在服务流程结束时精心设计一番，增加特殊的难忘体验。久而久之，企业一定受益匪浅。

第五种方法：减少体验波谷。用户对于一个产品和服务的不满意，往往也是因为最糟糕的那个点或者结束时候的小失误而影响全局体验。了解峰终定律后，减少差的谷值用户体验非常重要。很多时候并不是我们整体服务做得不好，而是经常被“一颗老鼠屎坏了一锅汤”。在有限的资源投入中企业不一定需要优化整个服务的全部用户接触点，可以集中火力重点优化那些在整个服务链条中给用户带来情绪低谷的服务接触点，往往可以起到很好的效果。

用户体验的打造都需要成本投入，而用户体验带来的口碑传播、品牌影响力等产出却又难以直接用数据结果追踪衡量。所以不少企业对于用户体验项目的启动都会首先考虑投入产出。开始阶段会尝试用少量的人力物力资源投入进行用户体验改善。了解峰终定律后，企业就有了新的用户体验解题思路，在用户体验的优化尝试中把有限的资源集中在解决全流程用户体验的谷值体验、打造过程中的 1 ~ 2 个峰值体验和最终的终值体验上，往往可以取得四两拨千斤的效果。

4.6 让用户心动的体验——MOT 时刻

去过海底捞的人对海底捞的服务都赞赏有加。虽然常有过度服务的嫌疑，但是海底捞的管理依然被很多企业追崇。海底捞在服务中善于制造用户 MOT（Moment of Truth，关键时刻），是其成功的一大法宝。

带娃的父母们出去吃饭要花很大的精力照顾小孩子，海底捞不仅提供儿童玩具还提供专门给小朋友玩的地方，并由专人照看。这个服务本身已经超出了很多用户对餐厅服务的预期。但海底捞认为还不够，因为小孩子如果远离父母视线时间长了父母可能会担心。海底捞又提供了 iPad 可以在餐桌展示看护区的实时监控，这个动作立刻打消了家长们仅剩的一点担忧，可以安心吃火锅了。在家用智能摄像头还没有被大规模使用的时代，海底捞却深谙父母们的担忧，用实时监控把儿童餐厅托管服务做到了新高度，在 iPad 监控打开的那一刻，家长们的担忧瞬间消散，不得不说，这项服务成功打造了一个 MOT 时刻。

MOT 就是指通过特殊服务、特殊场景设计或者特殊产品功能打动用户的时刻。MOT 与峰值理论类似，但与峰终理论的差别在于，峰终理论多用在某一个持续的服务或一段时间的经历中，注重的是全流程用户体验的优化，而 MOT 可以单独离散地存在于用户的各接触点中。峰终理论既关注正向体验又关注负向体验，而 MOT 专注于正向用户体验的打造。MOT 可以是一个小礼物、一次用户交互、一次用心关怀、一句体贴的话语。

因为MOT的目标是正向用户体验打造，所以经常被用来在新品牌、新产品、新服务的设计中制造用户惊喜和提升用户体验。如创造用户惊喜并引导用户发朋友圈、微博传播，等等。如何设计和打造MOT时刻？其实和峰终值打造有类似的思路：

第一，解决人们习以为常的差体验。三只松鼠的快递开箱器就是典型的通过解决困扰用户的差体验创造MOT时刻的。不知道是不是三只松鼠第一个解决这个问题的，但是它的确给首次使用开箱器的用户创造了一个MOT时刻。为什么一直没有人解决这个开快递箱的痛点呢？因为大家对这个差体验都习以为常。可能还有个符合峰终理论的原因，就是用户打开箱子看到自己期待已久的产品的那一刻把开箱这个差体验忘记了。解决开箱差体验还可以不断延伸。如某些新品牌在开箱体验上做升级，设计成一撕即开的拉链式。某培训机构在学习资料的箱子拉链上写上一句话："撕开你的未来。"用户撕开快递的那一刻是不是很容易产生对美好未来的憧憬，这是一个很棒的MOT。

在各行业中都有类似的困扰用户又"习以为常"的问题，作为行业内的人员都有"身在此山中"的感觉，如果没有人去主动改革，人们都习以为常。但是当第一个人打破这个"习以为常"，稍加改进给用户带来的可能就是MOT时刻。"终于有人解决这个问题了"是用户的第一反应。谁先改革谁受益。如果竞争对手们先改革，那么用户"习以为常"的标准就会提升，导致不改革的企业的服务就成了差体验。逆水行舟，不进则退。

第二，如果说解决人们习以为常的差体验是从负值到1，那么主动设计优化服务流程就是从1到n。把标准的服务、行业习以为常的标准，提升到新的高度。最近唯品会有一个很好的提升换货体验的案例，唯品会也在把这个改进作为平台卖点在宣传。各电商平台的常规换货基本都是用户先申请，然后把要换的产品快递寄出，仓库收到退货后把更换的商品寄给用户。这是一个用户都接受的标准换货流程。其中用户体验问题有3个：第一个是时间，不考虑联系快递公司的时间，基本上一来一回至少要6天；第二个是需要自己联系快递公司，忙起来就会拖几天；第三个是用户需要等待两次快递员上门，一次取走商品，一次再来派送新产品。这些问题能否一次解决呢？历史上造成这样流程的原因可能是商家担心退回的商品污损等问题。但随着用户对退换货标准的认知提升，加上平台又有用户的消费记录数据作为参考，换货体验就可以被优化。唯品会率先改革了换货流程，提供了带货上门一次更换的服务。用户提交换货申请，快递员会带来新商品上门同时带走尺码不合适的商品，给用户制造了超出行业标准的体验。随着技术进步和用户认知水平的提升，很多行业中以前不能做的容易给平台造成损失的流程今天企业可以尝试，并且往往谁最先尝试，谁就给用户制造了 MOT 时刻。

第三类，跨界和新技术打造用户 MOT。随着移动互联网的进步，效率变得越来越高。政府政务信息化就是很好的例子。以前要跑几次政务部门才能解决的事情今天几乎用手机就可以解决。而在我们业务的实际使用中，也可以通过跨行业的技术应用，带给用户 MOT。

平安集团是一个特别注重应用新技术来解决提升服务效率的公司。在 2007 年，平安科技就成立平安创新研究所，着手研究二维码在保险行业的应用，人脸识别技术在用户识别上的应用，多媒体实时通信在用户服务中的应用，等等。集团通过比较成功的虚拟门店项目，解决了用户每次办卡和开卡都需要去柜面的问题，让开户也变得像 ATM 取款一样方便，远程搞定。今天移动互联网已经广泛使用的 LBS 技术、在线排队、在线点菜，等等，在行业的首次应用往往都会给用户制造 MOT 时刻。

第四类，降维打击。把一些高维度的产品和服务平移到低维度使用。一线城市的竞争很激烈，那么能否把一、二线城市成熟的产品和服务移到三、四线城市，带来不一样的用户体验呢？三、四线城市第一次接受一、二线城市的高服务标准，就很容易打造用户的 MOT。这样会有降维打击的效果。古茗奶茶就是很好的案例，同样是做奶茶，当竞争对手已经在一、二线城市风生水起时。古茗从三、四线城市开始，用一、二线城市的标准打造产品，在三、四线城市中一枝独秀快速做大。然后又从三、四线城市向一、二线城市进军，成功围捕了一、二线城市的奶茶品牌。当然这一切的前提依然是产品的用户体验。据内部人士透露，古茗奶茶早期的每一种奶茶开发，创始人都亲自体验，主要原材料很多是自己基地种植，无处不是对用户体验的追求。

第五类，创造型的 MOT。你是否还记得第一次收快递中的卖家手写信？是不是深深感到了商家的真诚用心？这是一个典型的创造型 MOT。第一个写手写信的商家让人佩服。一个精心的卡片，几句温暖的话，足可以给用户制造一次 MOT 时刻，对减少退货、增加复购都有帮助。可惜的是，后来被行业竞争做成了系统化，复印手写信，因为规模化生产都在追求效率，本来是用心感动用户，结果变成了“糊弄”用户，用户也会随手丢掉。如果从另一个角度思考，同样的事情，从国内电商转到跨境电商，是不是又可以降维打击，给跨境电商的用户制造一波 MOT 呢？

更高级的 MOT 是新产品的 MOT。老福特说，你问用户想要什么样的交通工具，用户想要一个更快的马车。乔布斯也曾说，用户不知道自己想要什么，我们要制造让用户惊艳的产品。看到这个产品的时候用户会说：哇，这就是我想要的。产品功能走在用户需求之前是非常难的，产品 MOT 打造不仅需要创新，更需要匠人精神和专业团队。所以三只松鼠才会设立专门的“用户体验制造官”“用户惊喜制造官”的岗位。

需要注意，用户 MOT 的设计要针对正确目标用户群体。同一个 MOT，针对不同的用户群得到的结果可能完全不同。比如面向温饱线的用户去兜售仪式感，那会成为一种很糟糕的负体验。

生活中我们总会发现一些产品和服务会给我们带来惊喜的 MOT 时刻。回想那些曾经被产品和服务打动的时刻，是一勺飞机上的辣椒酱，是一份手写的问候信，或者是一个用心又实用的小礼品，也可能是商家给予的一次令人意外的主动关怀。大服务、小产品中都可以有 MOT 时刻。而且在信息爆发的今天，MOT 还有一个很重要的促传播作用，用户往往会在被打动的时候想到分享。看看微信朋友圈中的同事和朋友们的分享，是不是很多都是他们的 MOT 时刻呢？

第5章　用户体验案例

5.1　用户体验案例——海尔服务全流程用户体验改进

2017年年初，海尔用户口碑平台、海尔信息化部门、毕马威团队、冰箱、洗衣机、空调等六大事业部的同事一起为海尔服务进行重新定位，打造新零售时代的“新服务”，海尔内部称之为服务流程再造项目。项目专职人员和在不同时期参与到项目中的总人数加起来超过400人，一起对海尔这个庞大而复杂的服务体系进行咨询诊断、用户体验全流程优化改造并且用工具固化流程，落地实施运营。这个项目不论是对海尔、对毕马威团队都是巨大的挑战。它集合了业务诊断优化、服务互联网转型、用户体验改进、管理效率提升等多项目标，历时近两年，最终取得了成功。该项目可以说是近年来传统企业服务向互联网转型的典范，是家电行业全流程用户体验改进的典型，也在行业内外树立了数字化、信息化改造和互联网转型的标杆。所以本节笔者希望用尽可能简单的概述把项目中与用户体验改进有关的思路和落地方向和大家分享。

每个企业有每个企业的文化、流程、性格。用户体验改进的任务是对症下药。100个企业可能有100种用户体验改进方案。不管差异有多少，从发现问题、解决问题的思路和方法上都是大同小异的。希望这个案例能够给转型和变革中的企业一些启发。作为承前启后的用户体验案例，企业可以从中或多或少找到适合自己的用户体验改进的方法和思路。本节将从以下几个维度介绍：

①项目战略目标。

②用户体验升级的目标。

③终身用户和社群生态圈目标。

④支撑运营目标的系统工具。

⑤从传统管理到运营的模式转变。

（1）项目战略目标。

从商业目标上说，所有的管理改革的目的都是更好地为企业创造利润，为股东负责。如何根据当前所处的位置来寻找下一个服务的定位？海尔作为传统的老牌家电企业有一个很好的基因，那就是不断自我审视，提醒自己保持引领，追寻下一个引爆点。但在实际执行中，我们也常会看到一些大公司病所带来的不足。战略在落地执行上出现的断层容易让目标效果打折扣，甚至谬以千里。如果宽容地接受在一些落地执行上的不足，从企业战略和发展模式上看，海尔一直走在行业前列。不论是以前的质量体验和服务口碑，还是21世纪的互联网新零售转型，再到后来的社群和生态平台运营、智慧家庭场景打造等，海尔都在超前提出方案并不断尝试探索。今天和一些传统企业交流信息化和用户体验时，经常分享海尔的战略方向和理念。比如张瑞敏先生提出的“未来的企业不拥有平台，就被平台拥有”，看似是高深的管理理念，其本质说的依然是用户体验、用户忠诚度、用户全生命周期管理，底层逻辑依然是建立在解决行业问题上，建立和维系用户信任和用户口碑。在海尔园区中随处可见的标语“诚信生态，共享平台”，实际和我们说的私域运营的目标完全一致，诚信就是最好的产品。但这个底层逻辑常常被互联网浪潮中的赚快钱、抢风口这些短期获利思路和商业模式掩盖。我们相信坚持正道的力量，坚守诚信和创造好商品，才是长青之道。做时间的朋友，步步为营。海尔的全流程服务再造就是基于如何为用户提供更好的体验这一目标而开始的。海尔服务流程再造项目的用户体验优化战略，主要有以下几点：

第一，持续解决用户的售后服务体验问题。海尔服务一直被模仿，也偶尔被超越，但不断地自我突破力求在行业中保持引领。虽然今天的海尔服务也不像曾经的海尔服务那么独树一帜，但海尔依然把质量和服务放在重要的战略位置。大服务平台的改进，依然是海尔未来的重要战略之一。让质量改进和售后服务持续保持海尔品牌口碑的支撑力量，解决用户投诉、用户抱怨问题，打造超用户预期的差异化服务体验。

第二，看齐海尔集团战略目标，进行用户生态和终身用户打造。把消费者变成用户，把用户变成忠诚用户，把忠诚用户变成终身用户。海尔新服务的目标是把服务变成营销的入口，利用流程改进、信息收集、用户互动、互联网工具来更好地服务用户，增加用户黏性。对用户进行二次三次甚至终身的产品销售服务，这些也是项目研究和落地的方向。

第三，全流程数据透明可视。以上两个战略目标的实现，离不开信息化转型和互联网转型。从销售到服务过程中不仅要收集各种数据、分析数据，更重要的是把好的服务经验系统化，能够赋能全流程中的各个角色。好的管理经验、服务经验、销售经验、互动经验、用户关怀经验都可以被系统收集后进行系统流程固化，反哺整个服务体系的全流程，来提升口碑平台组织的综合能力。简单说就是发现好的体验样本并且复制到全局，让好的体验可以加倍。

第四，项目还有一个优化管理效率的目标，解决运营商管理漏洞，解决 8 000 家服务商的管理难题，如虚假工单、虚假服务费、虚假备件等问题。这类问题在任何大公司和大规模的平台中都会存在，需要通过流程优化和系统改进来解决管理漏洞顽疾，最终把原来对服务商的强制管理、严厉处罚，逐步变成数据运营引导、自我改进。

（2）用户体验升级的目标。

项目先从第一个战略目标展开，解决售后服务中的用户体验顽疾。我们前面讲过用户预期的锚点，今天的服务行业日新月异，尤其是互联网服务工具效率在很大程度提升了用户的预期锚点。作为传统行业要想跟得上节奏，达到用户预期实属不易，比如服务时效，外卖可以做到

30分钟，什么时候家电维修服务可以做到30分钟上门呢？可以说难如登天。但是在家电行业中依然有一个行业用户预期。所以项目要做的是引入新技术、新流程，在同行业中做到最好，超出用户行业内的预期。海尔全流程用户体验是如何一步一步来解决用户体验问题并且制造一些超预期的用户体验的呢？从售后服务用户体验的改进上，对项目可做以下几部分的梳理和改进：

第一层级，服务倒逼全流程改进、产品质量改进、服务过程改进、用户体验改进。

通过用户声音和售后服务数据倒逼以产品质量和服务质量提升为主的全流程各环节的改进。产品质量依然是海尔用户体验的重中之重。从个体看，产品质量非0即1。一旦出现产品质量问题，那么就是差体验。新电器几天就坏了，用户体验好不了。如何从根源上来提升宏观的用户体验，降低每个产品型号的故障率呢？新服务就靠着强大的问题逻辑树的信息收集来解决。每一个产业（冰箱、洗衣机、空调）、每一个型号的产品，都有自己的问题逻辑树。通过问题逻辑树的数据分析，可以清晰地定位某类产品或者某个型号产品的易发故障节点、零部件、工艺。不仅可以反馈给生产部门提升工艺、更换易坏部件，解决产品批次的质量问题，有的数据质量监控还可以具体到工站、供应商、采购批次，来追责个人、供应商，降低产品质量风险和质量成本。这样的全流程贯通，可以推进各部门都为产品质量负责。从全局上对故障率降低帮助巨大。数据监控分析也可以反馈某些批次问题、运输包装问题，推进制造和包装工艺改进，等等。这些工具流程都是提升产品质量控制、提升过程质量控制的有力工具。海尔问题逻辑树在项目中也做了瘦身，从原来的20多万条梳理减少到2万条，做到问题更加清晰和责任主体更加明确。

第二层级，服务的用户体验提升，解决服务中信息不对称导致的用户投诉问题，更好地管理用户预期。

信息化和互联网工具的使用，让对用户的服务更加方便，售后服务信息全流程透明，能更好地管理用户预期减少投诉。举一个典型案例。

售后服务最多的投诉包含乱收费、上门不及时、多次维修这几类大问题。如何解决这些问题？过程信息面对用户的透明，是管理用户预期和解决用户抱怨投诉的有效方法。用户对于维修工作、配件的价格了解清楚，就无须多方面求证信息，不同渠道反馈的价格还经常不同（以前常发生呼叫中心不了解现场维修情况，只能照着表格告诉用户可能的价格，结果直接引起用户乱收费投诉的问题）。对于服务兵（工程师）位置的了解，有助于了解工程师大致的上门时间，可以很好地管理用户对上门时间的预期，用户就不会频繁催促呼叫中心。用户了解了备件在途和快递派送情况，就可以很好地管理对上门维修时间的预期。而多媒体渠道的多入口统一身份识别、故障照片视频的直接提交，也可以很好地解决用户打电话说不清楚、重复多次报故障浪费系统资源等问题。项目中诸如此类的用户接触点改进，多达 100 多个。

（3）终身用户和社群生态圈目标。

在前两个产品体验和服务体验问题解决的基础上，更高的一个目标是打造用户生态。与用户互动，主动关怀，发现和制造用户深层次需求，提供更好的交互体验，打造用户忠诚度和终身用户。把低频的售后安装维修服务变成高频的用户关怀和交互动作是巨大的挑战，也是生态平台搭建的关键。如何让服务平台上的用户活跃起来？如何把巨大的私域流量运营好？事实上调研过程中我们发现在项目之前，有的海尔服务网点就很好地践行了“真诚到永远”的长期服务理念。比如帮助所辖区域用户免费维修水电，定期上门关心服务孤寡老人，和用户建立很好的日常互动，甚至有的社区居民有问题不找物业更愿意找海尔服务站帮忙。这样的信任，正是海尔“真诚社群”的底层基础。但是这些做得好的样本仅限于很小一部分服务网点。如何把用户的多样化日常需求和服务的长期性连接起来，成为海尔售后服务生态平台的搭建目标。简言之，那就是围绕海尔的千万用户搭建 3 个生态。

第一个生态是产业生态，即围绕海尔的几大家电产业平台提供产品服务以及延伸的增值服务，从冰箱、洗衣机、空调、电热、厨卫、电视机等家电产业平台，到后来的空气场景、水场景、全屋场景等场景平台。更好地了解不同用户的需求，并且推荐对应的产品、场景给目标用户，是产业生态的目标。只有更好地了解用户，才能更好地服务用户。除了产品需求，围绕产品还有很多专业的增值服务需求，如家电维修的延保服务、高级清洗服务等。海尔的专业级清洗服务，已经成为很多家庭的标配。工程师配置专业的高温蒸汽喷枪、专业清洗设备，可以快速解决用户的厨房、冰箱、空调、洗衣机的消毒清洗问题。这些问题以前没有人关注，但是很多用户用一次就会喜欢，并且使之成为常规服务，如每1~2个月都要进行一次厨房冰箱的清洗。围绕产业平台，做到服务是营销的开始，除了服务收益还为海尔带来很多产品复购订单。

第二个生态是广告生态。从以前的人找信息，到后来的信息找人，海尔的售后生态圈有强大的用户群体，这些群体的流量有着巨大的商业价值。这个生态圈提供的产品和服务需要关注的是围绕用户真实需求推荐运营，绝不能破坏用户体验。围绕目标用户特点分层，向用户提供有价值的信息。

第三个生态是社会化生态，即对外开放，BD（Business Development，商务拓展）的商务合作，带给用户更加实在的好产品。消费金融，保险服务，一些区域化的产品和服务的合作，经过海尔的严格筛选，为用户提供真正有需要的性价比高的产品和服务。

不管是哪个生态，都要围绕服务用户，以提供真实需求为场景打造用户体验。不能出现与售后场景及目标用户需求无关的骚扰式服务，那样会适得其反。因为最高级的用户体验，是用户的信任体验，也就是用户体验分层中说的情感体验。

（4）支撑运营的系统工具目标。

生态打造方向有了，如何围绕海尔服务的数千万“粉丝”建立生态？如何把海尔、用户、服务商、服务兵（工程师）更好地连接起来，做到多方共赢？在系统落地上海尔也做了更加细致的分解。有以下几部分工作：

第一，用户细分和需求细分。首先需要从一定维度了解用户的基础情况，在CRM系统中为用户打上标签。有些标签是自动的，如根据用户的购买行为、订单信息等。也有在后续的服务中由服务商或者工程师增加手动标签。这些标签都用于更好地服务用户，以便后期为用户提供对应的信息服务。其算法就像今日头条的推送，不断增加用户的标签来优化用户画像。但相对于机器的总结，上门服务中的标签有更加独特的优势，面对面的沟通了解比机器分析更加靠谱。

第二，为服务兵（工程师）赋能。这里首先要解决一个矛盾，我们希望服务兵是社群的发起者，但服务兵群体往往不善言谈，更别说介绍推销产品给用户了。系统在设计中就把提供服务和产品的销售推荐行为尽可能分离。工程师只要提供优质服务打动用户即可。服务完成后通过用户与服务工程师的二维码完成服务管家绑定，由平台运营负责用户互动，最终产品成交后系统计算并对工程师支付佣金。试想如果服务兵的服务是优质的、获得用户信任的，用户是否愿意相信平台推荐的商品呢？系统设计为服务兵赋能，解决他们销售推荐技能不足的问题。服务兵、用户、平台三方的互动完成了生态平台的交易闭环，而且也减少了交易的中间环节，用户购买的产品可以比其他渠道优惠，最终成就了多方共赢的局面。

第三，微站呈现落地。服务工程师如果没有办法很好地推荐产品，那么就依靠微站（商城）进行落地。围绕前面的几个生态方向，微站可以提供产业产品、增值服务、信息服务、跨行业合作等产品的销售，并且朝着分析用户群体、分析用户需求的千人千面分析迭代改进。

整个用户生态，把机器与人、人与人、信息与人、平台与用户、服务商与用户等多方面进行了多维度连接，这个连接不仅仅是信息层面的连接，更多的是品牌连接、口碑连接、信任连接。只有基于好的产品、好的服务，才能够搭建好的生态，而好的生态又通过人和人的强连接（区别于电商平台的弱连接）把用户忠诚扩展延长，打造品牌终身用户。

（5）从传统管理到运营的模式转变。

传统企业的互联网转型，到底是转什么，怎么转？是信息化，还是打造用户生态？互联网作为工具，对企业和用户来说，主要作用是提升信息传递效率，让信息传递更加快速和透明。为什么传统公司都拼命转型？因为竞争对手提升效率、降低成本，自己不提升就意味着退步。而对企业内部，互联网转型的意义还有从管理到运营的思维转变。

管理和运营到底有什么区别？我们在前面“道法术器势”章节做过介绍。管理以堵为主，发现问题，解决问题；而运营强调疏，引导所有的利益相关方进入正向自行优化的闭环。但想要做好运营引导，一个重要的前提是数据的即时和准确性。平台需要准确采集数据并且进行分析，指导前端的运营调整，周而复始地优化。海尔服务流程再造项目的第一个关键动作，就是做数据采集和分析，采集用户数据，采集维修数据，采集备件数据，采集服务商和工程师的数据，采集服务过程数据。拿到数据后，基于这些数据来进行运营的优化。下面说几个关键的优化动作，从下面案例中可以学到如何用运营思路解决以前的管理痛点。

第一，服务商抢区域。用服务单量分配调整引导服务商进行自我服务质量的提升。每个城市有很多的海尔售后服务商，每个服务商有自己所管辖的服务区域，而区域越大就意味着服务工单越多。以前一个城市服务商和区域划分后，很少变动。基本上是大锅饭式分单。这个区域划给服务商 A，那么区域内的服务工单永远是 A 的。项目改造后，引入竞争机制。每月进行综合服务质量评测，好的服务商赢得新区域，差的服务商区域被蚕食。这样一方面能够激发服务商的积极性，主动进行培训，提升服务质量；另一方面，用数据说话来划分区域，对服务商的管理也降低了难度，还很大程度上减少了原有的复杂的内部关系户等问题。有了这样的控制体系，服务商的服务自我优化意识明显提升，随之而来的就是整体服务质量的提升。

第二，服务工程师抢单。和服务商抢区域类似，工程师的订单数量也是与服务质量得分有直接的关系。每个工程师在系统中都有对应的服务分，用户的服务订单发出后，系统会根据工程师的技能、距离、空闲程度，以及服务质量得分情况综合判定后指派订单。这个和 e 代驾的司机派单算法类似。在同样条件下，服务质量好、得分高的工程师优先获得订单。配合海尔的服务兵创业项目，工程师的积极性越来越高，不仅服务工单多，对应的关联了服务兵的用户也会变多。这样一个循环就形成了，服务越好，服务单越多，直接收益就多。关联生态平台后，间接收益（佣金）也变多了，尝到甜头的服务兵服务质量就越来越好，收入越来越高，自然越来越有积极性。

第三，数据驱动下的流动服务站。流动服务站也是海尔服务的专有名词，其实就是服务兵加移动的备件库，通过 LBS 和数据驱动，随时为用户提供快速上门维修服务。流动服务站的目标有两个：第一个是面向用户，提供更快速的上门和带备件维修服务，缩短用户维修等待时间。比如夏天空调不制冷了，维修时间就是用户体验的第一要素，所以“快”一直是售后服务追求的一个重要目标。在海尔复杂的产品系列下，备件的预测准确性一直是一个大问题，项目通过数据模型，把某个产业的备件相对准确地进行数量预测，然后放在流动服务站（定制的货车）上，这样就可以快速上门解决用户的售后维修问题，而且可以解决等备件、因缺备件二次上门的问题。流动服务站的另一个核心任务是服务兵创业，通过数据驱动交互来直接给工程师派单、抢单，减少服务商作为中间商的佣金比例，鼓励服务兵自主创业，提升工程师收入的同时也提升了主动服务积极性。所以运营的整体目标从架构上看是大后台、轻中台、小前台。大后台通过数据获取和分析更加准确地预测信息流，负责用户接入、工单分配、备件流向，等等。中台由原来的大规模的服务商主导，工作量逐步由前台和后台拆分，减少服务商的不稳定和不可控因素。前台数据驱动，更好地赋能工程师（流动服务站），带正确备件就近上门，提升快速上门、为用户解决问题的能力。

第四，服务过程全流程可视。通过线上新媒体、LBS 技术、工程师终端、问题逻辑树、备件、工艺及收费等打通售后服务的各个环节数据。用户方可以清晰地看到从接单到工程师资质、上门时间预测、备件使用、价格组成等服务工单情况，有效解决了以前的虚假工单、小修变大修等伤害用户体验的问题。系统中的服务工单可以有效追踪到上门时间、维修过程等节点。没有上门签到的工单系统会自动判定为异常订单进入异常订单池，不进行费用结算。全流程数据和监控点的打通提升了运营的威慑力，大大减少了弄虚作假的服务商给公司造成的服务费用损失。

海尔服务流程再造项目经过近 2 年的时间打造全流程的“新服务”体验，项目中有 17 个技术创新，解决了 118 个用户体验和服务管理的痛点难点问题。

总结项目的核心任务，即围绕全流程用户体验，关注服务效率，关注工程师技能，关注工程师收入，跨界使用技术创新和流程创新，围绕社群生态运营、服务过程运营、服务资源运营、服务产品化运营来全方位提升用户体验。而这最底层的支撑，就是最终上线的服务大数据平台和 HSI（Haier Innovation Service，海尔服务流程体系再造）系统，后来上线改名为 HCC，即 Haier Customer Care（海尔用户关怀）系统。

相对于改变流程和建立系统，流程再造想改变企业管理者和员工的习惯和心智更难。这样的全流程变革需要管理层很大的魄力和强推动力。最后想说一点海尔服务用户体验优化的一点不足，其他公司在成长中可能存在类似的管理问题。在海尔这样一个庞大的产业体系下，集团几乎要求服务每年都要有用户体验的创新，每年都要寻找一个新的用户心智点打造和宣传。从企业管理上理解是变化驱动发展。但很多时候，前面一个好的创新方案还没有完全落地生根，刚有一点苗头和势头，新的题目和 KPI 就要来了，下属各部门管理层只能跟随应变，这就多多少少形成了前面章节提到的不合理的 KPI 是用户体验阻碍者的话题。一个好的用户体验体系不仅需要正确的战略方向，更需要正确拆解和有力执行，还要有耐心，做时间的朋友，种下正确的种子，有耐心地培养，等待开花结果。

5.2 用户体验案例——跨境电商巨头浮沉录

前一节我们分享了海尔用户体验变革的成功案例，那不重视用户体验会有什么样的结果呢？本节分享另一个真实的案例。案例中的公司称为 A 公司。案例中几个大的影响 A 公司命运走向的事件，几乎都与用户体验直接相关。看完这个案例，相信你可以从中或多或少地看到自己公司不重视用户体验的影子。也许有的错误你已经走过，也许有的用户体验问题刚刚开始，但是不重视用户体验最终结果往往是殊途同归，差别只在早晚。

A 公司 2017 年经历了发展巅峰，2018 年更是一路高歌走到 C + 轮，公司估值最高达到十几亿美元，但是这艘巨轮在 2019 年年底新冠疫情到来后几乎是顷刻沉没，2020 年形势急转直下。也许有人说是因为公司运气不好碰到了疫情，因为疫情中倒下了太多的公司。但事实上我们也看到同类公司在疫情中坚挺，线上电商由于疫情反而逆流而上增速明显。所以并不是疫情打败了 A 公司，疫情只是一个催化剂。A 公司倒下的原因之一是用户体验管理出了大问题，导致它被用户和市场抛弃，疫情只是加速了从高峰走向低谷的时间进度而已。

虽然 A 公司从 2018 年年底就发现了用户体验和产品口碑的问题，也做了很多尝试解决问题，但可以说历史欠债太多，短期的改进动作成了投石击水，只激起一些涟漪，无法从根本上扭转问题深入骨髓的局面。一旦被市场抛弃，下滑势头就像滚雪球下山一样势不可当。这样的情势下除了壮士断腕，扭转局面的可能性微乎其微。但越是这种情况，投资机构和股东越紧盯着每天 GMV 数据的变化，CEO 也难以下定决心抛弃短期 GMV 来救赎。在这个案例中，后期投资机构也给了 A 公司巨大的压力，几次有可能转折的机会，都迫于投资人的数据压力而夭折。说到资本，为什么高瓴创始人张磊的《价值》一书中反复强调投资长期价值，正是因为投资领域中很多机构都紧盯短期数据，缺乏长远的格局。下面我们从用户体验视角来还原一个跨境电商巨头的起起落落。

公司的部分历史问题和故事源于和老员工、创始团队成员的沟通收集，事件和数据皆有迹可循。文中阐述的一些运营逻辑和管理问题主要是从用户体验的角度分析。一个公司倒下的问题很多，也很复杂，用户体验只是其中的重要原因之一。往者不可谏，来者犹可追。从失败的案例中总结经验，可以少走一些前人走过的弯路。

A 公司进入中东地区时，这里的电商市场几乎完全是蓝海，所以市场投放后高速的成长可谓势如破竹，势头无人能挡。这也一段时间在行业内传为佳话，被称为在中东闷声发大财的平台公司。但 2018 年开始显现出增长疲态，GMV 总是达不到预测的增长目标。其中有各种内部问题一直没有从根源上解决，有供应链问题，有物流商问题，有财务问题，有基建投入问题，等等。我们事后研究可以发现，不管是以上哪个问题，造成的结果都是在伤害平台用户的体验，并且没有采取及时挽救措施，导致平台的用户口碑越来越差，用户不断离开。

第一次用户体验事故，是“黑五”物流导致的，后果是平台直接失去几十万活跃用户。2017 年到 2018 年是 A 公司增长最疯狂的时候，在中东市场做到电商行业的头部。DAU 和 GMV 疯狂增长，仿佛一座金山摆在 A 公司面前等待发掘。2018 年的“黑五”发生了第一次严重的用户体验事故。11 月的黑色星期五是一年中销售增长最疯狂的时刻，在电商活动中的影响力类似国内的“双 11”。由于对订单预估不足，导致提前准备的物流商运力严重不足，大量订单无法及时从国内按时发出。跨境电商物流全链条的能力包含三段：国内段、跨国段、当地派送段。这三段有一个环节出问题，都会成为流程瓶颈。由于对“黑五”订单预估不足，实际订单峰值是预估的几倍。第一周下来，就出现很多订单无法按时运到和派送的情况，而短时间物流能力又无法补上，因为第三方配送资源都是提前预订的，所有合作物流公司都无法短期内增加运力。平台该怎么办？是停止接受订单，向用户致歉，还是继续接单，接受延迟配送？这个问题摆在了公司管理层面前。但是 GMV 增长的诱惑的确太大了，最后公司决定继续接单，尽全力配送。最终结果是大量的用户下单后等了很长时间才拿到包裹，最严重的有的用户两个月后才收到商品，而正常情况下应该是 10 天左右，导致用户为“黑五”准备的礼物都没有按时拿到，对平台失去信任的用户开始卸载 App。后来测算，一个“黑五”平台损失了几十万活跃用户。虽然后来用户运营和客服极力挽救召回用户，依然有近 30 万用户流失。30 万活跃用户对于一个平台意味着巨大的损失。

而历史总是惊人的相似。无独有偶，2019 年，A 公司的竞争对手 B

公司也发生了类似的问题。不知对方是吸取了 A 公司的教训，还是基于对用户体验的重视，在“黑五”到来的前几天 B 公司直接挂出了免战牌——“因平台订单爆单，为了保证用户体验，所以平台停止接受新订单，直至运力恢复正常为止”。虽然对 B 公司来说，短期用户的一些购买需求可能转移到了其他竞品平台，但 B 公司保住了自己的口碑信誉，最终也并没有流失多少老用户。

第二个用户体验事故是平台商品质量问题导致的。虽然商品质量问题或多或少在国内各大电商平台上都出现过，但如何解决直接影响了最终结果。像淘宝当年假货、劣质商品横飞，又如拼多多创立初期商品质量处处暴雷等，但这些平台经历野蛮生长之后，在合适的时机及时解决了商品质量问题，避免了用户体验问题的激化。但 A 公司却没有解决这个问题，最后导致口碑下滑。在商品质量问题被发现的时候，虽然也做了调整和弥补但都没有贯彻执行到底，最终没有办法扭转局面，最后在用户心中 A 公司甚至成了欺骗用户的电商平台。而且供应链管理一旦失控，供应商就开始钻平台漏洞，以次充好，导致质量问题愈加严重，越往后就越形成了平台商品“劣币”逐驱“良币”、供应商“劣币”逐驱“良币”的局面。好商品卖不动，图片好看的便宜商品卖得好，而用户收到货后紧跟着就是差评，用户流失，恶性循环。

平台当时的状况是左右为难。一边要求 GMV 数据保持增长，另一边抓供应链提升商品质量，但狠抓质量就常出现图片好质量差的伪“爆款”被下架的情况，影响 GMV。背着 GMV 指标的运营部门就找质量部门吵架。最终 GMV 压倒了质量，“劣币”继续驱逐“良币”。

总的来说，2018 年“黑五”是 A 公司对平台用户体验的第一次重大伤害。接下来的持续更长的商品质量问题造成了长期的慢性伤害。质量问题就像蔡桓公的病一样，从体表一步一步到膏肓，越来越深，直到难以医治。从虚假繁荣到兵败如山倒，都是对用户体验漠视和追逐眼前利益的短视造成的。产品质量的失控不单单是质量部门管理的失控，而且是全公司从上到下各个环节的失控。品牌假货、质量差的商品最后在平台横行，最后内购打折的品牌商品自己员工都不愿意买、不敢买。

在讲商品质量之前，需要先澄清一个概念，从用户角度看，商品质量评价是一个相对概念，没有绝对的好商品和差商品，单纯看商品质量本身是无法界定的。商品质量管控的初期，平台把质量问题全部归责到质量部门，认为质量差的商品应该全部淘汰，但后来发现当地市场的真实情况实际上是需要一些低质量、同时价格足够低的商品。平台需要理解用户的商品需求和价格匹配之间的关系，好商品应该是性价比高的商品。实际上价格与质量匹配或者价格低过预期的商品用户是不会给差评的。平台上差评率高的商品也不一定是质量多差，有时是价格过高，让用户觉得平台以次充好。以拼多多为例，拼多多平台上质量较差价格超低的商品用户也会给好评，因为价格完全超出了用户预期。平台商品的价格不是质量部门来控制的，所以“好商品”“性价比商品”不单单是质量部门的问题。懂供应链的团队需要了解商品后根据市场定位定价，而不懂供应链的团队常犯的一个错误是在供应商的供货价格上直接乘以一个系数作为最终零售价。由于平台疏于控制供应链，导致有的供应商随意定价，后期就出现了价不副实的问题。

平台商品质量的用户体验问题不是一天病入膏肓的，而是经历了一个长期的各种失控的过程。下面按阶段拆解分析每个阶段都发生了什么。

第一个阶段，从出生到健康蓬勃发展。充足的市场投放，蓝海市场优秀的 ROI 指标，还有开创性的 COD（Cash On Delivery，货到付款）模式，平台数据蒸蒸日上。而众多供应商带着国内电商平台的标准参与到跨境平台供应商大军，由于国内平台的严格要求，所以大家对商品质量和供货价格都有所敬畏。比如阿里平台的规则已经对产品质量用户评价等指标有明确的要求，所以供应商从国内电商转入跨境电商后的相当长一段时间里会延续国内平台的要求。此阶段商品质量和价格都不差，商品的用户评价都是良好的。商品的差评率大约在 3% 以内。这个数据在综合类电商平台是比较合理的。

开始阶段还有两个比较重要的因素在起作用。一个是初期中大规模的供应商比较多，很多是品牌和连锁机构，如浪莎织业、海澜之家这类厂家，它们的质量和价格体系是标准的，质量不会差且供货价格不会虚高。二是开始阶段产品采销部门中懂供应链的人占据主导，对每件商品商家都要逐一审核，都要认真检查样品才能够上架销售。虽然可能有的商家寄送的样品和实际发货不同，但毕竟是少数，所以整体的商品体系也是健康的。

第二个阶段，增长初显乏力，运营数据导向各种尝试。当中东市场开发到一定程度，竞品进入，蓝海逐步变成红海，新的竞争对手也开始加入战场。运营开始从数据中寻找机会来突破，一切以数据 ROI 为准。但运营往往忽略数据影响的长尾部分而只看眼前的 ROI，就出现了各种运营“招数”一齐上，光平台开发的各种运营活动多达上百种，国内的运营招数几乎都开发测试过。

说几个典型的误导运营的“数据模型”。某段时间发现新品 GMV 表现好，那么要求全品类都推进上新速度，女装每天新增 SKU（Stock Keeping Unit，库存量单位）达 3 000 个以上，鼎盛时期的平台 SPU（Standard Product Unit，标准化产品单元）甚至超过了京东。而这个动作仅仅是因为新品 GMV 看似表现好。真实情况如何呢？是因为新品是单独板块，有专门流量入口，加上新品池相对全部 SKU 很少，动销概率看起来就高一些。这样的疯狂上新有一个后遗症，就是 SKU 深度出不来，销量最多的 SKU 每天不足百件。这个问题日益加剧，缺少头部爆款，缺少腰部主力，后期也无法深度运营供应链。还有一种就是“假爆款”。什么样的商品容易成为爆款？图片漂亮、价格便宜的商品。但是这样的爆款如果不经过审查，就加大流量，最后也是引来用户差评。可越是 GMV 增长乏力，运营的精力就越多地用在数据游戏上。

第三个阶段，破窗效应显现。平台 GMV 增长出现问题的时候，供应商也是有感知的。经历了快速增长期，现在慢下来了，供应商们就开始做各种尝试寻找突破点。如何能够逆平台之势保持收益增长呢？“劣币”供应商就开始钻空子。如同款商品换低价布料供货以次充好。价格下来了，卖得就会好一些。因为平台缺少监管和规则，一个窗户被打破，过了一段时间发现平台没有干预，供应商们就开始继续打破更多的窗户。这样的“经验”还会悄悄在供应商之间分享，导致越来越多的供应商开始“破窗”，钻空子。最后成了老实人吃亏，遵守规则的供应商反而卖不动。

第四个阶段，“劣币”大规模驱逐“良币”，“良币”退出。当大量的供应商都发现规则漏洞，从“良币”向“劣币”转化。他们供应的商品也会出现同样的“劣币”驱逐“良币”。好商品成本高一点无法与低成本低价的劣质商品抗衡。比如类似款式的衣服，“良币”材料优良、定价合理，结果“劣币”采用低劣材质，销售价格比前者低，图片款式相似，价格因素就决定了最终成交。更要命的是“良币”商品动销率转化率越来越差，被系统“智能”算法自动划入滞销品，难逃下架命运。

第五个阶段，目标用户群变化，也是某种意义的“劣币”驱逐“良币”。高消费能力、对质量有高要求的用户逐渐离开。而低消费能力、价格敏感型人群越来越活跃。我们在之前讨论用户预期管理时，讨论过用户的分层运营。高消费能力用户群体对质量要求高，对价格相对不敏感。而低消费能力用户群体对质量要求相对较低，但是对价格极其敏感。平台产品价格继续下降，产品质量继续下降。导致想买到高品质、能接受高价格的老用户在经过几次尝试后失望地流失。经过几轮清洗后，留在平台上的都是价格敏感型用户。我们曾在全平台质量优化项目中，找到几个 GMV 贡献较大的供应商，希望他们提升几个“爆款”商品的质量，但得到的反馈是一件卫衣，如果供货价格提升 3～5 元，销售量就明显下降。因为平台上类似的卫衣大量的是在低价区徘徊，抢占了流量和用户。这种感觉就像陷入泥沼中，无法自拔。

事实上质量问题公司是清楚的。A 公司在 2018 年下半年和 2019 年上半年分别做了两次针对活跃用户和非活跃用户的访谈。得到的反馈是一致的，商品质量差，图片和实物不符等。说明商品质量问题公司从 2018 年就已经发现，但是 2019 年依然没有任何改善。用户体验问题越早行动，改进的机会成本就越低。在 GMV 快速上升期的时候，质量改进对 GMV 有影响，但微乎其微。而进入 GMV 增长乏力或者开始有下降之势的时候，壮士断腕几人能做到？结果就是如果不断腕那么能够多活一段，而壮士断腕的提升质量则有可能是直接自杀。

回到解决问题的思考：如何把这类用户体验问题消灭在上升期？电商平台有两个大的方向解决商品质量问题，第一是深耕供应链管理，第二是强化平台规则运营。例如，京东属于商品供应链管理为主，而阿里系就属于平台规则运营为主。懂供应链管理的团队从商品的成本、质量、定价都是专业的，这样商品就不会出现虚报供应价格和质量问题。其缺点是当商品 SPU 数量很大的时候，就需要有庞大的懂供应链的团队。而阿里系选择的路线是规则运营为主，相对供应链管理属于质量管理后置，也就是初期苍蝇蚊子可以一起放进来，但是经过一两周的用户评价数据，平台可以很快分辨出商品用户口碑好与差，然后用规则淘汰差供应商。长此以往供应商了解了平台的规则，加上累积的信誉关系到流量分配和收入等，供应商都会爱惜自己的信誉，不断调整优化，在平台上形成良性循环。

A 公司但凡上面两个方法有一个能做好，都不至于走到最后的败局。其实两种思路和解决方向 A 公司都尝试过，但为什么没有从根本上解决问题呢？我们来深入分析一下。

第一个解题方向，增加懂供应链管理的人才。为了解决与供应商、产品质量和成本管理等脱节的问题，2019 年采销部门曾招募了不少传统行业中懂服装、家居、3C 供应链的人才，但这些人却成为被排挤的对象，第一是他们缺少互联网经验，第二是往往需要汇报工作给前面已经占据主要管理岗位的“数据运营”为主的管理者。这就出现了“不懂供应链的人”管理“懂供应链的人”的现象。“供应链管理”和“数据运营”两个观点出现了严重的冲突，都觉得对方不专业。最终“互联网”阵营战胜了“供应链管理”阵营。懂供应链的走的走，沉默的沉默。这是否也是某种意义上的“劣币”驱逐“良币”呢？

第二个解题方向，2019 年用户体验也尝试引入规则控制，制定了供应商分级、产品分级、流量倾斜规则、下架规则。但是有两个巨大的问题摆在面前：第一个问题是来自内部压力，就是那些伪“爆款”差评率高被下架，用户体验和商品采销部门就开始吵架。另外一方面来自供应商群体的压力，由于之前的“劣币”驱逐“良币”，平台上原来的大型供应商几乎都取消了合作，只剩下小供应商。这时如果平台用强规则去梳理供应商和他们的商品，势必出现很多商品不合格被规则“下架”、供应商被取消合作的问题。所以只能缓慢地调整替换，无法一步到位。规则制定部门每天遭遇采销部门的冲击。通过规则运营，几个月只把差评率从21%降到了15%，用户体验改进深感无力。而此时此刻，竞争对手的差评率是3%。用户口碑何在?

一个公司从繁荣到衰败，有着错综复杂的原因。从选人用人到业务模型，到过程经营管理，再到企业文化，等等，这些都是不可忽略的因素。我们在此案例中展示的只是从用户体验角度对可能存在的问题的阐述，并不代表公司失败的全部原因。

这里我们改编一句周星驰主演的《大话西游》的经典台词：曾经有一个巨大的市场摆在我们面前，我们没有好好珍惜，到无法挽救时才追悔莫及。如果上天给我们一个重来的机会，希望在阳光灿烂的日子里，把用户体验屋顶修得结结实实，这样才能无惧未来的暴风骤雨。如果要给这个修葺工作加一个时间，我们希望是每一天。

结　语

2020 年到 2021 年，由于新冠疫情的影响，很多行业的日子都不好过，很多行业被清洗，活下来的公司都在寻求改变和自我更新迭代。这段时间在消费和互联网领域，国内听到最多的是两个商业机会的方向，一个是直播，一个是跨境。似乎在直播和跨境领域都可以很轻松地赚钱，创业者蜂拥而入。由于很多实体产业的老板对直播和跨境不了解，也推动了一批直播和跨境代运营公司的崛起。这种跟风式的入场，与前些年互联网风口时代如出一辙。等大潮退去，不知道多少玩家还能毫发无损地退场。其实清洗已经陆续开始。2021 年年初在深圳南山阳光科创中心的一整层楼全是新开的直播公司，而到了下半年，停的停关的关，勉强活下来的还不足一半。从 2020 年开始，杭州、深圳、广州跨境电商公司、独立站群每天都在增加，最终能活下来的又能有几个？

与其盲目追风，不如先弄清底层逻辑。直播和跨境本质依然是电商平台，运营上流量、转化、复购三个核心任务一个也不能少。为什么大家都觉得新入局者有机会？主要是因为在这个时期直播和跨境在流量获取和转化率这两个节点的门槛相对于成熟的国内电商平台低很多，还处在红利期。但和国内电商殊途同归，最终决定成败的要素依然是口碑和复购。

为什么说这两个行业有商业机会？先说直播，抖音直播最具代表性，2021 年年初周围很多朋友都在传抖音直播很赚钱，赶快入局。有“卫衣大哥”直播首月 GMV1000 万 + 的，有做“玉石珠宝”直播每日几十万 GMV 的。为什么抖音直播会有机会？主要原因有两个：第一是作为兴趣电商入口，人工推荐的转化率远高于传统电商；第二是抖音等直播平台的流量红利，传统电商产品销售大多是无互动的图文视频介绍，消费者购物时相对理性，先看产品图，然后看详情、看评价、比价格、然后再下单。而直播带货不同，它把人们从网上自主读图的理性选择，转变成非理性消费。一个朋友说在抖音主播的吆喝下一个月买了5万多元的玉石珠宝。这与十几年前电视购物著名的主播“侯总”的经典台词“不要999，也不要99，只要9块9”有什么区别呢？只不过换了更高效的订单处理工具并降低了主播的门槛而已。而抖音直播的流量红利在于，抖音作为兴趣电商初始阶段，并未像百度等流量平台把大部分流量商业化，还有着不少的通过良好的数据表现获得免费流量的机会。过了初始阶段的红利期，抖音很可能也会和百度、淘宝一样开始进行流量的商业化变现，当抖音上的所有商家都需要参与流量竞价时，流量成本依然会成为所有商家运营成本的重要组成部分。

跨境的机会在哪里？跨境行业首先得益于中国强大的供应链能力。一件T恤，从几元到几十元甚至上百元供货的生产商在中国服装产业带都很容易找到。中国不缺生产好产品的能力，缺的是把好产品包装打造成品牌的能力。卖货容易做品牌很难。做品牌不仅要有好产品，品牌打造和市场投入都不能少。跨境电商的实质是把国内电商战场和经验向全球扩展。跨境电商市场必将走过国内电商所有走过的路和踩过的坑。最大的区别可能在于每个阶段的时间会压缩。跨境电商用三五年就走过中国电商一二十年的发展道路。从跨境平台我们也可以看到他们中有京东、淘宝、天猫、1688、网易严选等不同类型平台的影子。流量获取和转化的方式也正经历流量投放、视频宣传、直播带货、社群分销，等等。整体跨境趋势也已经开始从注重渠道向注重供应链发展。大量跨境卖家涌入的同时，流量获取也已经开始内卷。如果今天企业还想步入跨境行列，有两点需要慎重考虑：

第一，了解目标市场的需求，比如亚洲人喜欢的色彩风格和欧美人喜欢的色彩风格是不同的。而中东人喜欢的金灿灿和钻石般闪耀的物品，杯子、盘子都喜欢金色镶边的。这些样式的产品在中国却被认定是土豪风格而无法成为主流。弄清市场需求，才有可能更加准确地设计自己的商品池，少走弯路。

第二，参考国内电商发展历史做更长远的打算。从流量获取到提升转化，再到品牌忠诚和复购，跨境电商的独立站群、假货差货的一锤子买卖赚快钱的时期也已经发展到尾声。今天我们也可以看到跨境都在向精品品牌、向单品类深度方向发展。

虽然今天的抖音直播和跨境电商都正在经历商品的“劣币”驱逐“良币”的阶段，价格便宜依然是主要竞争力，但相信相对传统电商找个时间会压缩很快，即将进入拼用户体验和口碑的阶段。近期国内大的直播公司都开始注重供应链质量，严选商品，而不是只选便宜的转化率高的而忽略用户体验。

也许很多朋友冲进抖音直播和跨境领域，都是想享受红利期赚快钱的机会，但一定要记住打造自带流量的品牌才是企业的长青之道。国家“十四五”规划纲要草案明确提出，开展中国品牌创建行动，培育一批高端品牌。放眼海外巨大的电商市场，当大部分入局者还在用低价劣质商品做跨境市场搏杀的时候，企业是不是可以选择不跟风，而走在风的前面？纵观中国电商的发展史，从流量为王走到今天的品牌时代，跨境电商是不是可以看到未来的路？这条路就是从现在开始深耕供应链，坚持好产品、好体验，为世界人民带去中国品牌。

因此，改变中国制造“廉价”“质量一般”的形象，让“中国制造”成为“中国质造”这一转变需要所有企业共同的努力。坚持做好的产品，坚持打造用户体验，做时间的朋友，未来可期。

参 考 文 献

[1] 董建明，傅利民，饶培伦，STEPHANIDIS C，SALVENDY G. 人机交互：以用户为中心的设计和评估（第5版）[M]. 北京：清华大学出版社，2016.

[2] FOXALL G R，GOLDSMITH R E. Consumer psychology for marketing [M]. London：Routledge，1995.

[3] 罗仕鉴，朱上上. 用户体验与产品创新设计 [M]. 北京：机械工业出版社，2010.

[4] 古德曼，库涅夫斯基，莫德. 洞察用户体验：方法与实践（第2版）[M]. 刘吉昆，等译. 北京：清华大学出版社，2015.

[5] 葛列众，许为. 用户体验理论与实践 [M]. 北京：中国人民大学出版社，2020.

[6] 黄晟. 基于用户体验的App设计研究 [D]. 西安：陕西科技大学，2012.

[7] 金雯婧. 基于心流理论的互联网购物平台用户体验设计的研究 [D]. 杭州：浙江大学，2016.

[8] 黄蜂赖，祖杰. 体验思维 [M]. 天津：天津出版传媒集团，2020.

[9] 吴智银. 社群营销与运营实战手册 [M]. 北京：中国工信出版集团，2020.

[10] 谢佩峰，叶青，吴磊. 社群营销与运营实战 [M]. 武汉：华中科技大学出版社，2019.

［11］汪吉，汪豪．体验感品牌 3.0 的营销革命［M］．北京：经济管理出版社，2019.

［12］张亮．从零开始做运营［M］．北京：中信出版社，2015.

［13］金璞，张仲荣．互联网运营之道［M］．北京：中国工信出版集团，2016.

［14］王玮．基于社群经济视角的 YX 创业公司文化战略研究［D］．南京：南京邮电大学，2020.